Kauderwelsch
Band 234

Foto: CL

Die Natur Botswanas zieht viele Reisende in ihren Bann

Impressum

Beauty Bogwasi
Setswana – Wort für Wort
erschienen im Reise Know-How Verlag Peter Rump GmbH
Osnabrücker Str. 79, D-33649 Bielefeld
info@reise-know-how.de

1. Auflage 2017

Bearbeitung & Layout Christine Schönfeld
Layout-Konzept Günter Pawlak, FaktorZwo! Bielefeld
Umschlag Peter Rump (TitelFoto: CL)
Kartographie Iain Macneish
Fotos Christoph Lübbert (CL), Simi Rutishauser (SR), Katrin Gerchel (KG): www.katringerchel.photoshelter.com
Druck und Bindung Werbedruck GmbH Horst Schreckhase, Spangenberg

ISBN: 978-3-8317-6505-8
Printed in Germany

Wer im Buchhandel kein Glück hat, bekommt unsere Bücher zuzüglich Porto- und Verpackungskosten auch direkt über unseren Internet-Shop: ***www.reise-know-how.de***

Die Internetseiten mit Aussprachebeispielen und der Zugriff auf diese über QR-Codes sind eine freiwillige, kostenlose Zusatzleistung des Verlages. Der Verlag behält sich vor, die Bereitstellung des Angebotes und die Möglichkeit der Nutzung zeitlich und inhaltlich zu beschränken. Der Verlag übernimmt keine Garantie für das Funktionieren der Seiten und keine Haftung für Schäden, die aus dem Gebrauch der Seiten resultieren. Es besteht ferner kein Anspruch auf eine unbefristete Bereitstellung der Seiten.

Der Verlag möchte die **Reihe Kauderwelsch** weiter ausbauen und **sucht Autoren!** Mehr Informationen finden Sie unter ***www.reise-know-how.de/rkh_mitarbeit.php***

Kauderwelsch

Beauty Bogwasi

Setswana

Wort für Wort

Dieses Buch
ist meiner Mutter
Jane Selelo
gewidmet, von der ich
Ausdauer gelernt habe,
und den drei wichtigsten
Männern in meinem Leben,
meinen Söhnen:
Tumisang,
Thoriso und
Pesalema.

Kauderwelsch heißt:

- Schnell mit dem **Sprechen** beginnen, auch wenn nicht immer alles korrekt ist.
- Von der **Grammatik** wird nur das Wichtigste in einfachen Worten erklärt.
- Alle Beispielsätze werden doppelt ins Deutsche übertragen: erst **Wort-für-Wort,** dann in normales Deutsch. Die Wort-für-Wort-Übersetzung hilft, die neue Sprache schneller zu durchschauen, außerdem lassen sich dadurch leichter einzelne Wörter im fremdsprachigen Satz austauschen.
- Es geht um die **Alltagssprache,** also das, was man tatsächlich auf der Straße hört.
- Die **Autoren** sind entweder Reisende, die die Sprache im Land selbst gelernt haben oder Muttersprachler.

Kauderwelsch-Sprachführer sind keine Lehrbücher, aber viel mehr als traditionelle Reisesprachführer. Wer ein wenig Zeit investiert, einige Vokabeln lernt und die Sprache im Land anwendet, wird **Türen öffnen,** ein Lächeln ins Gesicht zaubern und reichere Erfahrungen machen.

Talk to each other!

Kauderwelsch zum Anhören

Einzelne Sätze und Ausdrücke aus diesem Buch können Sie sich **kostenlos anhören.** Diese **Aussprachebeispiele** erreichen Sie über die im Buch abgedruckten QR-Codes oder diese Adresse: www.reise-know-how.de/kauderwelsch/234

Die Aussprachebeispiele im Buch sind Auszüge aus dem umfassenden Tonmaterial, das unter dem Titel **„Kauderwelsch Aussprachetrainer Setswana"** als Download über Onlinehörbuchshops separat erhältlich ist (ISBN 978-3-95852-118-6). Den AusspracheTrainer erhalten Sie auch über unsere Internetseite:

- **www.reise-know-how.de**

Inhalt

Konversation

Anhang

Foto: SR

mokoro im Okavango-Delta

Vorwort

Dieses Buch zeigt den Wunsch und das Bestreben, mein Land, meine Kultur und meine Sprache mit der deutschsprachigen Welt zu teilen. Meine Leidenschaft für Sprachen und für das Schreiben hat mich zu diesem Buch inspiriert. Zu der Entscheidung, das Buch speziell auf Deutsch zu schreiben, wurde ich ermutigt durch die Tatsache, dass Botswana – als eines der beliebtesten Reiseziele der Welt – unter der großen Anzahl von Besuchern viele deutschsprachige Touristen und Reisende begrüßen kann.

Dieser Sprachführer ist gedacht als Informationsquelle für Erstreisende und erfahrende Reisende nach Botswana. Er bietet Informationen über Land und Leute, Tiere, Vögel und vor allem über die Landessprache: Setswana! Das Buch wird es Ihnen ermöglichen, mit grundlegenden Redewendungen eine einfache Unterhaltung in Setswana zu führen und sich mit Einheimischen in ihrer Landessprache zu unterhalten. Abgesehen davon, dass der Sprachführer Ihnen eine viel intensivere botswanische Reiseerfahrung ermöglicht, sorgt er auch für ein kulturelles und sprachliches Abenteuer.

Hinweise zur Benutzung

Der Kauderwelsch-Band „Setswana“ ist in drei wichtige Abschnitte gegliedert:

Grammatik

Die Grammatik beschränkt sich auf das Wesentliche und ist so einfach gehalten wie möglich. Deshalb sind auch nicht sämtliche Ausnahmen und Unregelmäßigkeiten der Sprache erklärt. Wer nach der Lektüre gerne noch tiefer in die Grammatik eindringen möchte, findet im Anhang einige Tipps zum Weiterlernen. Natürlich kann man die Grammatik auch überspringen und sofort mit dem Konversationsteil beginnen. Wenn dann Fragen auftauchen, kann man immer noch in der Grammatik nachsehen.

Konversation

In diesem Teil finden Sie Sätze aus dem Alltagsgespräch, die Ihnen einen ersten Eindruck davon vermitteln sollen, wie Setswana „funktioniert” und die Sie auf das vorbereiten sollen, was Sie später in Botswana hören werden.

Wort-für-Wort-Übersetzung

Jede Sprache hat ein typisches Satzbaumuster. Um die sich vom Deutschen unterscheidende Wortfolge der Sätze auf Setswana zu verstehen, ist die Wort-für-Wort-Übersetzung in *kursiver* Schrift gedacht. Jedem Setswana-Wort entspricht ein Wort in der Wort-für-Wort-Übersetzung.

Wird ein Setswana-Wort im Deutschen durch zwei Wörter übersetzt, werden diese zwei Wörter in der Wort-für-Wort-Übersetzung mit einem Bindestrich verbunden.

Ke kopa botsa (sengwe).
(ich) bitten-um fragen (etwas)
Darf ich Sie etwas fragen?

A le rekisa diteko / ditlatlana?
(Geg.) ihr verkaufen Körbe / Körbe
Verkaufen Sie Körbe ?

Werden in einem Satz mehrere Wörter angegeben, die man untereinander austauschen kann, steht ein Schrägstrich zwischen diesen.

Mit Hilfe der Wort-für-Wort-Übersetzung können Sie bald eigene Sätze bilden. Sie können die Beispielsätze als Fundus von Satzschablonen und -mustern benutzen, die Sie selbst Ihren Bedürfnissen anpassen. Mit einem kleinen bisschen Kreativität und Mut können Sie sich neue Sätze „zusammenbauen", auch wenn das Ergebnis nicht immer grammatikalisch perfekt ausfällt.

Wörterlisten

Die Wörterlisten am Ende des Buches helfen Ihnen dabei. Sie enthalten einen Grundwortschatz von je ca. 1000 Wörtern Deutsch-Setswana und Setswana-Deutsch, mit denen man schon eine ganze Menge anfangen kann.

Umschlagklappe

Die Umschlagklappe hilft, die wichtigsten Sätze und Formulierungen stets parat zu haben. Aufgeklappt ist der Umschlag eine wesentliche Erleichterung, da nun die gewünschte Satzkonstruktion mit dem entsprechenden Vokabular aus den einzelnen Kapiteln kombiniert werden kann.

Wenn alles nicht mehr weiterhilft, dann ist vielleicht das Kapitel „Nichts verstanden? – Weiterlernen!" der richtige Tipp. Es befindet sich ebenfalls im Umschlag, stets bereit, mit der richtigen Formulierung für z. B. „Ich habe leider nicht verstanden." oder „Wie bitte?" auszuhelfen.

Land und Sprache

Botswana liegt im südlichen Afrika. Der Wendekreis des Steinbocks durchquert das Land. Botswana ist ein flaches Binnenland, welches an Südafrika, Simbabwe, Namibia und Sambia grenzt. Die Gesamtfläche des Landes beträgt 580.000 qkm und ist in etwa so groß wie Frankreich.

Botswana war früher unter britischem Schutz und wurde „Bechuanaland" genannt. Nach der Unabhängigkeit im Jahr 1966 wurde der Name in „Botswana" geändert. Die Regierung repräsentiert eine Vielparteiendemokratie. Seit der Unabhängigkeit ist Botswana ein leuchtendes Beispiel für eine gute zivile und demokratische Führung.

Zu den Sprachen Botswanas gehören ferner verschiedene Khoisan-Sprachen wie Gana, Gwi, Kung-Ekoka, Naro, Kxoe, Shua *und* Tsoa *(bekannt für ihre Klicklaute). Darüber hinaus gibt es* Sebirwa, Setswapong, Sesubiya, Seyei, Sembukushu, Ikalanga, Utjiherero, Sesarwa, Sekgalagadi, Afrikaans *und viele andere.*

Botswana hat mehrere mineralische Rohstoffe wie zum Beispiel Soda, Kupfer, Kohle, Nickel und Gold. Das Land ist der weltweit größte Produzent von Schmuckdiamanten. Der Erlös wird teilweise dazu verwendet, das Leben der Bürger zu verbessern.

Botswana ist eine mehrsprachige Gesellschaft mit etwa 20 verschiedenen Sprachen. Setswana ist die Landessprache, Englisch die offizielle Sprache für Handel und Wirtschaft.

Setswana wird von einer großen Mehrheit in Botswana gesprochen, wenn es auch nicht die Muttersprache aller ethnischer Gruppen ist. Setswana gehört zur Gruppe der „Bantu"-Sprachen, die hauptsächlich im südlichen

Karte von Botswana

Afrika und einigen Teilen Ostafrikas gesprochen werden. Die Sotho-Tswana-Sprachen wie Sesotho in Lesotho, Lozi in Sambia und Sepedi in Südafrika sind dem Setswana sehr ähnlich und somit ist eine Verständigung möglich. Setswana ist eine sehr beschreibende Sprache und neigt somit dazu, mehr Wörter als andere Sprachen zu verwenden. Es ist nicht immer einfach, das gleichwertige Wort in der anderen Sprache zu finden.

Aussprache und Betonung

Die Aussprache des Setswana ist in vielerlei Hinsicht sehr deutlich, da meist alle Laute auch ausgesprochen werden. Setswana ist eine Sprache mit offenen Silben und verfügt über sieben Vokale. Am Anfang einer Silbe kommen auch zwei oder mehrere Konsonanten zusammen vor. Sie enden meist mit einem Vokal. Zum Beispiel: / th-/tlh-/tsh-/tshw-/mm-/n- /.

Die zusätzlichen Zeichen werden normalerweise nur für junge Erstleser zur Unterscheidung der Aussprache gebraucht.

Selbstlaute (Vokale)

Laut	Aussprache	Beispiel
a	wie „a" in „**A**st"	**aga** bauen
ê	wie „ä" in „**Ä**rger"	**êla** fließen
e	wie „e" in „l**e**sen"	**leka** versuchen
i	wie „i" in „**i**mmer"	**bitsa** rufen
o	wie „o" in „**o**hne"	**kopa** bitten
ô	wie „o" in „k**o**mm"	**ôpa** klatschen
u	wie „u" in „d**u**"	**ntlu** Haus

tlou – Elefant

Foto: SR

Es gibt auch ein paar Kombinationen von Mitlauten (Konsonanten), die anders ausgesprochen werden als in der deutschen Sprache:

Mitlaute (Konsonanten)

Laut	Aussprache	Beispiel
g	ein H-Laut tief im Hals, wie „ch" in „Lo**ch**"	**go siame** okay, gut
j	wie im engl. „**j**et", „**j**ungle" (nicht wie im Deutschen)	**Jeremane** Deutschland
kg	k + ein H-Laut tief im Hals	**kgaka** Perlhuhn
kh	aspiriertes (behauchtes) „k" wie in „**K**atze"	**khumo** Reichtum
ny	„nj" wie in „A**nj**a", „Se**ñ**or"	**nnye** klein
nts	„n" + „ts" wie in „A**nz**ug"	**ntsi** Fliege
ph	aspiriertes (behauchtes) „p" wie in „**P**ause"	**phala** Impala
r, rr	mit der Zungenspitze „gerollt"	**robala** schlafen; **rre** Herr
s	scharfes „s" wie in „Wa**ss**er"	**lesedi** Licht
sh	„sch" wie in „**Sch**ule"	**sha** brennen
th	aspiriertes (behauchtes) „t" wie in „**T**urm" (nicht wie das englische „th"!)	**thata** viel, mehr
tl	„tl" wie in „A**tl**as" (tl wird nur im Süden ausgesprochen; in anderen Regionen wird das „l" nicht mitgesprochen, letlotse wird also letotse gesprochen!)	**letlotse** Gepard
tlh	aspiriertes (behauchtes) „tl" (tlh wird ebenfalls nur im Süden ausgesprochen; in anderen Regionen würde man sagen: thola sentle)	**tlhola sentle** (schöner Tag)
ts	wie „z" in „**Z**ahn"	**tsamaya** gehen
tsh	aspiriertes (behauchtes) „ts" etwa wie in „Am**tsh**andlung"	**tshameka** spielen

Wörter, die weiterhelfen

Kaum ist man angekommen, sucht man fast immer irgend etwas. Hier sind die wichtigsten Fragen, um sich zu erkundigen. In die Sätze kann man Wörter aus der Liste unverändert einsetzen.

... e kae ?
... ist wo
Wo ist ...?

Ntlwana e kae ?
Toilette ist wo
Wo ist die Toilette ?

A go na le ... fa?
(?) es-ist und mit ... hier
Gibt es hier ... ? / Haben Sie ... ?

A go na le dithekisi fa?
(?) es-ist und mit Taxis hier
Gibt es hier Taxis?

A go na le raese fa?
(?) es-ist und mit Reis hier
Haben Sie Reis?

thekisi	Taxi (Mz: dithekisi)
base	Bus (Mz: dibase)
maemelo a dibase	Busbahnhof
toropong	Stadtzentrum
boroko	Unterkunft
lefelo la dijo	Restaurant
dijo	Essen
dijo tsa motshegare	Mittagessen
metsi	Wasser
kopi ya kofi	eine Tasse Kaffee
kopi ya tee	eine Tasse Tee
inthanete	Internet
Mochine wa ATM	Geldautomat

Ee, re na le ... fa.
ja (wir) und mit ... hier
Ja, wir haben ... .

Nnyaa, ga re na ... fa.
nein nicht (wir) und ... hier
Nein, wir haben kein (-e/-en) ... .

Ke tlhoka ...
(ich) brauchen ...
Ich brauche ...

Nka bona fa kae ...?
kann sehen von wo
Wo finde ich ... ?

Ke tlhoka thekisi go nkisa ko ...
(ich) brauchen Taxi es-ist bringen nach...
Ich brauche ein Taxi nach...

A nka ... ?
(?) können ...
Kann ich ... ?

A nka dirisa mogala?
(?) können benutzen Telefon
Darf ich mal telefonieren?

Ke bokae?
es-ist wieviel
Was kostet das?

Ke kopa ... .
ich bitten-um
Ich hätte gerne ...

Wenn man jemanden um etwas bittet, sagt man am Ende des Satzes höflicherweise tswee-tswee *(bitte).*

Ke kopa bili, tswee-tswee.
(ich) bitten-um Rechnung.
Kann ich bitte die Rechnung haben?

Geldbeträge werden im Allgemeinen auf Englisch angegeben.

Ga ke itse.	Ich weiß es nicht.
ka fa mojeng	nach rechts
ka fa molemeng	nach links
go butswe	geöffnet
go tswetswe	geschlossen
tswee-tswee	bitte (um etw.)
Ke itumetse.	Bitte (sehr)!
Tanki!	Danke!

Am Ende auch nicht vergessen, sich zu bedanken: Tanki!

Hauptwörter

Hauptwörter haben im Setswana zwei grammatikalische Elemente, eine Vorsilbe (Präfix) und einen Stamm. Das Hauptwort wird aus der Vorsilbe und dem Wortstamm (der die Bedeutung trägt) zusammengesetzt. Einzahl und Mehrzahl werden durch die Vorsilbe bestimmt. Beispiel: motho (Mensch, Person) – batho (Menschen). Es ist anders als in den meisten anderen Sprachen, wo die Mehrzahlform durch Anfügen einer Endsilbe an ein Wort gebildet wird.

Hauptwörter werden in Gruppen unterteilt, sogenannte Hauptwortklassen. Jede Gruppe hat eine Vorsilbe, durch die die Nomen identifiziert werden. Es gibt aber auch Klassen, zu denen verschiedene Nomen gehören, so dass sie nicht an der Vorsilbe erkennbar sind.

Leider lässt nicht nicht immer ein Merkmal ausmachen, das für eine bestimmte Klasse spricht. Welcher Gegenstand in welche Klasse passt, ist Auwendiglernen, Gefühlssache und Erfahrung.

Die Klassifizierung der Hauptwörter ist ein bisschen vergleichbar mit den Artikeln im Deutschen, nur dass es eben 15 verschiedene Klassen gibt, aufgeteilt in Einzahl und Mehrzahl. In der Nummerierung ist die darauffolgende Klasse immer die Mehrzahl der vorigen.

Klasse 1: Vorsilbe mo-
Einzahl

mo- *(Vorsilbe)* + **-tho** *(Stamm)* = **motho** Person
mo- *(Vorsilbe)* + **-sadi** *(Stamm)* = **mosadi** Frau
mo- *(Vorsilbe)* + **-nna** *(Stamm)* = **monna** Mann

Zu Anfang wird immer die Zusammensetzung der Hauptwörter dieser Klasse vorgestellt.

Hauptwörter, die Menschen in der Einzahl bezeichnen, in verschiedener Hinsicht: Nationalität, Stamm oder Volksgruppe, Berufe und Ämter, Geschlecht, sozialer Status usw.:

monna	Mann, Ehemann
mosadi	Frau, Ehefrau
mosimane	Junge
mosetsana	Mädchen
mojeremane	Deutsche(r)
motswana	Botswaner(in)
mosarwa	San (Angehöriger des Stammes San)
moreri	Pastor (Beruf)
ngaka	Arzt (Beruf)
mmetli	Zimmermann (Beruf)
mohumi	Reicher (Status)

Beim Wort mmetli *(Zimmermann) gab es eine Lautveränderung:* mobetli → mbetli → mmetli.

Obwohl diese Klasse in erster Linie für menschliche Personen ist, gibt es auch Hauptwörter in anderen Klassen, die Menschen bezeichnen. Nun gibt es umgekehrt aber auch

Bezeichnungen für Menschen, die zwar nicht mit mo- anfangen, aber dennoch der ersten Klasse zugerechnet werden, da sie Menschen bezeichnen. Folgende Wörter gehören ebenfalls mit in diese Klasse, weil sie Menschen bezeichnen, auch wenn sie keine Vorsilbe haben:

Namen von Personen:

z. B.	**Beauty**
	Tebo

Bezeichnungen für Verwandte:

ntsalake	mein Cousin
malome	Onkel
mme	Mutter, Mama
ntate	Vater, Papa
ngwana	Kind
ngwanake	mein Kind

Personifizierte Objekte:

Eigennamen und Hauptwörter, die sich auf personifizierte Objekte, Pflanzen, Nahrungsmittel, Vögel oder andere Tiere beziehen. Von ihnen wird so gesprochen, als ob sie menschlich wären, z. B. magagane (spezielle Axt):

Magagane o bogale.
Axt sie scharf
Die Axt ist scharf.

Pflanzen, Gemüse, Nahrungsmittel:

Thepe o monate.
Pflanze (sie) lecker
Das Gemüse ist lecker.

Nthiane ke dijo tsa badisa.
Nthiane es-ist Essen für Hirten
Hirten essen Nthiane.

Vögel, Säugetiere und Reptilien:

Phokoje o ja dipodi.
Schakal (er) essen Ziegen
Der Schakal frisst Ziegen.

Ke bone kgwathe.
ich gesehen Waran
Ich habe einen Waran gesehen.

Hauptwörter, die Personen beschreiben (Kenntnisse, Fähigkeiten, Verhalten):

mankge	Experte
dishashe	Amateur

Verallgemeinerungen

semangmang	„Soundso”, irgendjemand

Fragewort: Mang? –Wer?

Ke mang?
es-ist wer
Wer ist das?

O mang
(du) wer
Wer sind Sie?

Ke mmala mang?
es-ist Farbe wer
Welche Farbe ist das?

Nako ke mang?
Zeit es-ist wer
Wie spät ist es?

Klasse 2: Vorsilben ba- und bo- = Mehrzahl der Kl. 1

ba- *(Vorsilbe)* + **-simane** *(Stamm)*
= **basimane** Jungen
bo- *(Vorsilbe)* + **-mme** *(Stamm)*
= **bomme** Mütter

Personen in der Mehrzahl (ba-)

banna	Männer
basadi	Frauen
basimane	Jungen
basetsana	Mädchen (Mz)
bana	Kinder
Batswana	Botswaner (Mz)
basarwa	San (Mz), Angehörige des Stammes San
bareri	Priester (Mz, Beruf)
babetli	Zimmermänner (Beruf)
bahumi	Reiche (Mz, Status)

Personen in der Mehrzahl (bo-)

bomme	Mütter
bontate	Väter
bomma	Mz. von Mma: „meine Damen“ (Anrede)
borra	Mz. von Rra: „meine Herren“ (Anrede)

Namen von Personen:

BoBeauty	Beauty und andere
BoTebo	Tebo und andere

Familienmitglieder und Verwandte:

bontsala	Cousins
bomalome	Onkel (Mz)

Personifizierte Objekte:

Bomagagane ba bogale.
Äxte (sie) scharf
Die Äxte sind scharf.

Säugetiere und Reptilien:

Bophokoje ba ja dipodi.
Schakale (sie) essen Ziegen
Schakale fressen Ziegen.

Hauptwörter, die Kenntnisse, Fähigkeiten oder Verhalten von Personen beschreiben:

bomatwetwe	Experten
bodishashe	Amateure

Verallgemeinerungen:

bosemangmang	„Soundso" (Mz), irgendwelche Leute

Klasse 3: Vorsilbe mo-

Einzahl

mo- *(Vorsilbe)* + **-lelo** *(Stamm)*
= **molelo** Feuer

Diese Klasse beinhaltet Hauptwörter, die Körperteile, Dinge, Tiere, Pflanzen und Objekte bezeichnen. Sie hat dieselbe Vorsilbe wie die Klasse 1, mo-, darf aber nicht mit dieser verwechselt werden. Klasse 3 wird nicht verwendet, um Menschen zu bezeichnen, und natürlich wird auch die Mehrzahl ganz anders gebildet, vgl. die Klassen 2 (ba-, bo-) und 4 (me-).

Tiere und Pflanzen:

mopane	(Baum)
morubisi	Eule
mokoko	Hahn
mosenene	Schlangenbaby

Körperteile:

molala	Nacken
molomo	Mund

Natur:

mogobe	Teich
mokgacha	Tal
molelo	Feuer

Flüssigkeiten:

moro	Suppe, Sauce
molemo	Medizin, Medikament

Hauptwörter, die mit ngw- anfangen:

ngwaga	Jahr
ngwedi	Mond

Hauptwörter, die mit mm- anfangen und nicht Personen bezeichnen:

mmu	Erde, Humus
mmele	Körper
mmala	Farbe

Abstrakte Hauptwörter:

monate	Leckeres; Lustiges
mosepele	Trip, Reise
molelo	Feuer

monate *bedeutet als Eigenschaftswort „lecker" oder auch „lustig". Als Hauptwort also etwa „das Leckere", „der Geschmack", „die Delikatesse", „der Witz" usw.*

Klasse 4: Vorsilbe me–
Mehrzahl der Gruppe 3

me- *(Vorsilbe)* + **-lelo** *(Stamm)*	
= **melelo**	Feuer (Mz)

melelo	Feuer (Mz)
melemo	Medikamente
megobe	Teiche

Klasse 5: Vorsilbe le-

Einzahl

le- *(Vorsilbe)* + **-lobu** *(Stamm)*
= **lelobu** Chamäleon

In dieser Klasse finden wir Hauptwörter, welche sich auf Dinge, Tiere, Natur, Werkzeuge, Körperteile, Leute etc. beziehen.

Körperteile „Teil eines Ganzen":

lengole	Knie
leleme	Zunge
legetla	Schulter
legong	Baumstamm
leoto	Bein
leitlho	Auge

Tiere, Vögel und Pflanzen:

leeba	Taube
letlhalerwa	Wildhund
lerotse	Melone
lelobu	Chamäleon

Gegenstände:

leswana	Löffel
letsela	Laken
lekwalo	Brief

Natur:

lentswe	Stein
lewatle	Meer
lefatshe	Erde

In dieser Klasse gibt es einzelne Hauptwörter, welche sich auf Personen beziehen! Diese sind negativ besetzt oder beschreiben unerwünschtes Verhalten:

negativ besetzte Personenbezeichnungen:

legodu	Dieb
lekwetsepe	Krüppel
letagwa	Betrunkener

Klasse 6: Vorsilbe ma-
Mehrzahl der Gruppe 5

ma- *(Vorsilbe)* + **-lobu** *(Stamm)*
= **malobu** Chamäleons

In dieser Gruppe gibt es auch einzelne Hauptwörter ohne Einzahlform, sie kommen hier nur in der Mehrzahl vor!

Nur Mz:

madi	Blut
mashi	Milch

Tiere:

maeba	Tauben
matlhalerwa	Wildhunde
marotse	Melonen
malobu	Chamäleons

Körperteile bzw. Teil eines Ganzen:

magong	Baumstämme
maoto	Beine
matlho	Augen

Klasse 7: Vorsilbe se-

Einzahl

se- *(Vorsilbe)* + **-lobu** *(Stamm)*
= **selepe** Axt

Hauptwörter, welche sich auf Dinge, Tiere, Natur, Werkzeuge, Körperteile, Leute etc. beziehen, etwa Schuhe, Boote, längliche Gegenstände, aber auch abstrakte Dinge wie Sprachen:

Körperteile:

sehuba	Brustkorb
serethe	Ferse
serope	Oberschenkel

Hauptwörter, die Gewohnheiten oder Verhalten von Personen beschreiben:

setshwakga	Faulpelz
seopedi	Sänger
seganana	Sturkopf

Tiere,Vögel, Natur:

sefudi	Ente
setlhora	Baumhörnchen
sefefo	Wirbelwind
seolo	Ameisenhaufen, Termitenhügel

Sprachen:

Setswana	Setswana
Sejeremane	Deutsch (Sprache)

Abstrakte Hauptwörter:

serame	Kälte
seriti	Würde
sedidi	Schwindel *(Drehwurm)*

Längliche Gegenstände:

setlhako	Schuh
sekepe	Boot
selepe	Axt

Klasse 8: Vorsilbe: di-
Mehrzahl der Gruppe 7

di- *(Vorsilbe)* + **-tlhako** *(Stamm)*
= **ditlhako** Schuhe

ditlhako	Schuhe
dikepe	Boote

Klasse 9: Vorsilbe n-
Einzahl

Diese Gruppe ist bekannt als „Restegruppe". Sie beinhaltet Hauptwörter, welche nicht unbedingt mit der gleichen Vorsilbe beginnen, auch nicht immer mit n-! Sie haben verschiedene Bedeutungen und Kategorien: Tiere, Objekte, Dinge, Körperteile, Werkzeuge, Natur, Haushalt, Lehnwörter aus anderen Sprachen und vieles mehr.

mpho	Geschenk
ntwa	Kampf, Krieg

Hauptwörter, die Personen bezeichnen:

ngaka	Arzt
kgosi	Chef
tsala	Freund
tshimega	Sieger

Säugetiere, Vögel, Natur:

kgomo	Kuh
phologolo	Tier
tau	Löwe
nku	Schaf
ntshwe	Strauß
kgaka	Perlhuhn
naledi	Star
pula	Regen
tladi	Donner

Abstrakte Hauptwörter:

kakanyo	Gedanke
kitso	Wissen
thuto	Erziehung

Gegenstände:

pitsa	Topf
tlatlana	Korb
fenstere	Fenster

Klasse 10: Vorsilbe di-
Mehrzahl der Gruppe 9

di- *(Vorsilbe)* +**-kgomo** *(Stamm)*
= **dikgomo** Kühe

diphologolo	Tiere
ditau	Löwen
difenstere	Fenster (Mz)

Auch für Personen:

dingaka	Ärzte
dikgosi	Chefs
ditsala	Freunde
ditshimega	Sieger (Mz)

Hier entsteht tatsächlich eine Lücke, denn die Klassen 11, 12 und 13 gibt es nicht!

Klasse 14: Vorsilbe bo-

bo- *(Vorsilbe)* + **-lao** *(Stamm)*
= **bolao** Bett

Diese Gruppe enthält vorwiegend abstrakte, nicht zählbare Nomen. Viele dieser Nomen haben keine Mehrzahl, und bei denen, die eine Mehrzahlform haben, findert man sie meist in Klasse 6 (Vorsilbe: ma-).

Körpertelle:

boboko	Gehirn

Natur:

bojang	Gras

Abstrakte Nomen:

botlhale	Weisheit, Intelligenz
bodutu	Einsamkeit

Gegenstände, Dinge, Haushalt:

bojalwa	Alkohol
bolao	Bett

Mehrzahl: ma- / mo-

Die Mehrzahlformen, sofern vorhanden, gehören meist in Klasse 6 (Vorsilbe ma-):

maboko	Gehirne
majang	Gräser
malao	Betten

Klasse 15: Vorsilbe go-

Die Vorsilbe go- kann, mit einem Verb verbunden, aus diesem ein Hauptwort machen. Ähnlich funktioniert im Deutschen der Artikel: „das Singen", „das Tanzen". Auch im Setswana erscheint der Begriff als zwei Wörter und kann im Satz sowohl Subjekt als auch Objekt sein. Achtung, es muss aus dem Kontext erkannt werden, da go tsayama auch Grundform des Verbs ist und „(zu) gehen" heißen kann.

go bua	Reden
go tsamaya	Gehen
go opela	Singen
go ja	Essen
go bina	Tanzen

Go bina go siame.
das Tanzen es-ist gut
Tanzen macht Spaß.

Klassen 16, 17, 18 (Lokative Klassen): Ortsvorsilben / Präpositionen

kwa	bei
mo	in, auf
ko	auf, in, bei
tlase	unter

Die Verhältniswörter mo und ko („auf" und „in") sind austauschbar, die Bedeutung ergibt sich aus dem Kontext. Überhaupt sind nicht alle Bedeutungen deckungsgleich mit denen im Deutschen, so dass mitunter mehrere Übersetzungen möglich sind. An das Hauptwort wird normalerweise (aber nicht immer) die Endung -ng gehängt.

ko lwapeng	zu Hause
mo ntlung	im Haus
mo metsi	im Wasser
mo bolaong	auf dem Bett
ka (fa) tlase ga tafole	unter dem Tisch

(ntlu ist das „Haus", lwape das „Zuhause".)

ka nako ya bobedi
zu Zeit von zwei
um zwei Uhr

Verkleinerungsformen

Wenn man ein Hauptwort verkleinern will, so werden im Setswana die folgenden Endungen (Suffixe) an das Hauptwort gehängt: -ana, -nyana, -ane, -nyane. Welche Endung verwendet wird, hängt vom Auslaut des Wortstammes ab. Auch dieser verändert sich mitunter leicht. Man bekommt schnell ein Gefühl dafür.

kopi	Tasse
kopinyana	Tässchen
kolobe	Schwein
kolojwane	Schweinchen
ntlu	Haus
ntlunyana	Häuschen
tau	Löwe
tawana	Löwenbaby
khukhwane	Käfer
khukhwanyane	Käferchen

Satzbau

Die Verben werden im Setswana nicht nach Personen gebeugt, die Form ist für alle Personen gleich. Man erkennt also nicht an der Form des Verbs, wer oder was im Satz die „Handlung“ begeht, also das Subjekt ist. Am persönlichen Fürwort kann man es zwar erkennen, aber dieses wird in der Alltagssprache meist weggelassen. Wie verständigen sich also die Leute miteinander?

Eine Besonderheit der Bantu-Sprachen ist folgende: Das Subjekt des Satzes wird durch eine Kennsilbe markiert, die zwischen Subjekt und Prädikat steht. Dieser so genannte Subjektmarker (Subjektkonkordant) ist wichtiger Bestandteil eines Satzes – im Gegensatz zu den persönlichen Fürwörtern, die in der Umgangssprache auch wegfallen können. Damit man also überhaupt mitbekommt, worum es geht (oder wer mit wem was macht), muss man sich die Funktion und Aufgabe der Subjektsilben vor Augen führen, am besten anhand einiger Beispiele. Es ist aber nicht so schlimm, einmal die falsche Subjektsilbe zu verwenden. Verstanden wird man in aller Regel trotzdem.

Die Klassen 16, 17 und 18 nennt man lokative Klassen. Sie sind aber definitiv etwas für Fortgeschrittene und gehen über den Rahmen dieses Sprachführers weit hinaus. Für den Anfang und zum Sammeln eigener Erfahrungen genügt es, erst einmal die Funktionsweise der Subjektsilben zu verstehen.

Kl.	Vorsilbe	Beispiel	Subjektsilbe
1	**mo-**	**mosadi** Frau	**ke, o, o**
2	**ba-**	**basadi** Frauen	**re, le, ba**
3	**mo-**	**molelo** Feuer	**o**
4	**me-**	**melelo** Feuer (Mz)	**e**
5	**le-**	**lelobu** Chamäleon	**le**
6	**ma-**	**malobu** Chamäleons	**a**
7	**se-**	**sekepe** Boot	**se**
8	**di-**	**dikepe** Boote	**di**
9	**n- / -**	**tsala** Freund	**e**
10	**di-**	**ditsala** Freunde	**di**
14	**bo-**	**bolao** Bett	**bo**
Mz: 6!	**ma-**	**malao** Betten	**a**
15	**go-**	**go bina** Tanzen	**go**
16, 17, 18	**fa-, ko- mo-**		**go**

Foto: SR

mantlunyana, die Häuschen

Besitzanzeigende Fürwörter

Besitzanzeigende Fürwörter beschreiben Besitzverhältnisse und Verwandtschaftsverhältnisse.

Die besitzanzeigenden Fürwörter richten sich nach der Hauptwortklasse des Besitzes, nicht des Besitzers. Es wird zuerst der „Besitz" genannt, dann der Besitzer.

Wenn das Nomen (der „Besitz") sich auf eine Person bezieht, wird das Wort ga gebraucht, z. B.:

ngwana wa ga nnake
Kind von von meiner jüngeren-Schwester
das Kind meiner jüngeren Schwester

Handelt es sich hingegen um ein Objekt oder einen Ort oder spricht man von sich selbst, wird ga nicht verwendet.

Besitzanzeigende Fürwörter nach Hauptwortklassen

Kl.	Bes.VS	Beispiel
mo-	**wa ga**	**monna wa ga Dinie** *Ehemann von ihr Dinie* Dinies Ehemann
ba-	**ba ga**	**bana ba ga nnake** *Kinder von ihre meine-jüngere-Schwester* die Kinder meiner jüngeren Schwester

mo-	**wa / wa ga**	**molato wa gago** *Fehler von dein* dein Fehler
me-	**ya / ya ga**	**melato ya gago** *Fehler von deine* deine Fehler
le-	**la / la ga**	**leitlho la gago** *Auge von dein* dein Auge
ma-	**a / a ga**	**matlho a gago** *Augen von deine* deine Augen
se-	**sa / sa ga**	**setlhako sa me** *Schuh von mein* mein Schuh
di-	**tsa / tsa ga**	**ditlhako tsa me** *Schuhe von meine* meine Schuhe
n-	**ya/ ya ga**	**tau ya Ngamiland** *Löwe von Ngamiland* der Löwe von Ngamiland
di-	**tsa/ tsa ga**	**ditau tsa Ngamiland** *Löwen von Ngamiland* die Löwen von Ngamiland
lo-	**lwa/ lwa ga**	**loapi lwa Maun** *Himmel von Maun* der Himmel von Maun
bo-	**jwa**	**Botho jwa ga Teo ga bo a siama.** *Verhalten von sein Teo nicht (es) von gut* Teos Verhalten ist ncht gut.
go-	**ga/ ga ga**	**Go opela ga gago go monate.** *das Singen von dein es-ist schön* Dein Gesang ist schön.

Besitzanzeigende Fürwörter

Beispiele

Ngwana wa ga Hildah o mo ntle.
Kind von ihre Hildah es (1) schön
Hildahs Kind ist schön.

Bana ba ga Hildah ba bantle.
Kinder von ihre Hildah (sie) sein schön
Hildahs Kinder sind schön.

Mosadi wa gagwe o tsile.
Frau von seine (sie) gekommen
Seine Frau ist gekommen.

A nka bua le mogolwane wa gago, tswee-tswee?
(?) können sprechen mit Manager von dein bitte
Kann ich bitte Ihren Manager sprechen?

buka ya me
Buch von mein
mein Buch

dibuka tsa me
Bücher von meine
meine Bücher

ntlu ya ga Rea
Haus von ihr Rea
Reas Haus

mantlu a ga Rea
Häuser von ihre Rea
Reas Häuser

Dieses und jenes, hier und dort

Hinweisende Fürwörter beschreiben die Entfernung zwischen Sprecher und Zuhörer, oder zu einem Gegenstand. Es gibt, ähnlich wie im Deutschen, drei Entfernungsstufen: „dieses (hier)“, nah beim Sprecher und Zuhörer; „dieses (da bei dir)“, näher beim Zuhörer, aber weit entfernt vom Sprecher; und „jenes (dort)“, weit entfernt von Sprecher und Zuhörer.

Für jede Stufe gibt es entsprechende Fürwörter, die in Abhängigkeit von der Hauptwortklasse des jeweiligen Begriffes gebildet werden und hinter dem Hauptwort stehen:

Kl.	Vorsilbe	dies (hier)	das (da)	jenes (dort)
1	**mo-**	**yo**	**yoo**	**yole**
2	**ba-**	**ba**	**bao**	**bale**
3	**mo-**	**o**	**oo**	**ole**
4	**me-**	**e**	**eo**	**ele**
5	**le-**	**le**	**leo**	**lele**
6	**ma-**	**a**	**ao**	**ale**
7	**se-**	**se**	**seo**	**sele**
8	**di-**	**tse**	**tseo**	**tsele**
9	**-**	**e**	**eo**	**ele**
10	**di-**	**tse**	**tseo**	**tsele**
11	**lo-**	**lona / lone**	**loo**	**lole**
14	**bo-**	**jona / jone**	**boo / joo**	**bole / jole**
15	**go-**	**mo**	**moo**	**mole**
16	**fa**	**fa / fano**	**foo**	**fale**
17	**ko**	**kwano**	**koo**	**kwa**
18	**mo**	**mo**	**moo**	**mole**

Dieses und jenes, hier und dort

Foto: SR

Simi o ora molelo.
Simi sitzt am Feuer.

Beispiele

mosadi yo	diese Frau
mosadi yoo	jene Frau
mosadi yole	diese Frau dort
basadi ba	diese Frauen
basadi bao	jene Frauen
basadi bale	diese Frauen dort

ntlu e	dieses Haus
ntlu eo	jenes Haus
ntlu ele	dieses Haus dort
mantlu a	diese Häuser
mantlu ao	jene Häuser
mantlu ale	diese Häuser dort

„hier" und „dort"

fa / kwano	hier (nah bei Sprecher und Zuhörer
foo	da (näher beim Zuhörer, aber weit entfernt vom Sprecher)
fale / kwa	dort (drüben, weit entfernt von Sprecher und Zuhörer)

Siehe auch unter „Ortsvorsilben" im Kapitel „Hauptwörter"!

Lekwalo le fa.
Brief (er) hier
Der Brief ist hier.

Lekwalo le foo.
Brief (er) dort
Der Brief ist dort.

Lekwalo le kwa.
Brief (er) dort-drüben
Der Brief ist dort drüben.

Die folgenden genaueren Ortsbestimmungen beantworten die Frage „wo?". Sie werden durch die folgenden Wörter ausgedrückt: ka / kwa / ko , mo, fa (+Hauptwort, ggf. + -ng).

kwa / ko lwapeng	zu Hause
fa ntle *hier draußen* **kwa ntle** *da draußen* **ko ntle** *da draußen*	draußen
ko godimo ga bolao	auf dem Bett
ka fa molemeng	links
ka fa mojeng	rechts
fa gare	in der Mitte
mo metsing	im Wasser
kwa/ko morago ga ntlu	hinter dem Haus

O ile Gaborone.
(sie) gegangen Gaborone
Sie ist nach Gaborone gegangen.

O ko Gaborone.
(sie) in Gaborone
Sie ist in Gaborone.

Himmelsrichtungen

bokone	Norden
botlhaba	Osten
bophirima	Westen
borwa	Süden

o lebile bokone *(es) schaut Norden*	nach Norden gerichtet
ka fa botlhaba *in hier Osten*	im Osten
go isa bophirima *gegen Westen*	gegen Westen
go tswa borwa *von Süden*	von Süden her

Persönliche Fürwörter

Personalpronomen können im Setswana, im Gegensatz zu vielen anderen Sprachen, sowohl als Subjekt als auch als Objekt in einem Satz vorkommen, ohne ihre Form zu verändern. Auch gibt es im Setswana keine grammatikalische Veränderung des Geschlechts. Die Fürwörter ene und bone für die dritte Person in Einzahl und Mehrzahl beziehen sich sowohl auf die männliche als auch auf die weibliche Form.

Eigenständiges Fürwort

nna	ich
wena	du
ene	sie / er (es)
rona	wir
lona	ihr
bone	sie

In der Umgangssprache werden diese Personalpronomen meistens weggelassen! Beispiel: ke a tsamaya „ich gehe". Nur wenn die Person besonders hervorgehoben werden soll, werden die eigenständigen Fürwörter zusätzlich verwendet.

Persönliche Fürwörter

als Subjekt

Um Verwechslungen mit den „echten“ Personalpronomen zu vermeiden, sind die Subjekt-Vorsilben in der Wort-für-Wort-Übersetzung mit der jeweiligen Person in Klammern übersetzt.

Um zu erkennen, wer es ist, der handelt, wird dem Verb eine Subjekt-Vorsilbe vorangestellt. An der Verbform kann man dies nicht erkennen, da die Verben nicht nach Personen gebeugt werden (siehe auch im Kapitel „Satzbau“). Etwas Vergleichbares gibt es in den europäischen Sprachen nicht, und es lässt sich daher auch nur behelfsmäßig übersetzen. (Im Englischen kann man sich das Ganze vielleicht am besten vergegenwärtigen mit „me, myself, and I“). Diese Vorsilbe kann nicht weggelassen werden!

Achtung! Da die 2. und 3. Person Einzahl gleich lauten (**o**)*, muss es entweder aus dem Kontext hervorgehen, wer gemeint ist, oder das eigenständige Fürwort muss zusätzlich zum Einsatz kommen.*

ke	ich
o	du
o	er, sie, es
re	wir
le	ihr
ba	sie

Beispiele:

(nna) ke a tsamaya	ich gehe
(wena) o a tsamaya	du gehst
(ene) o a tsamaya	er, sie, es geht
(rona) re a tsamaya	wir gehen
(lona) le a tsamaya	ihr geht
(bone) ba a tsamaya	sie gehen

Verben und Zeiten

Die Grundform setzt sich aus dem Wort go und dem eigentlichen Verb zusammen:

go ja	essen
go ya	gehen
go tsamaya	weggehen, reisen
go tlhaloganya	verstehen
go bua	sagen
go robala	schlafen

Man kann go übersetzen als „zu", es wird aber auch benutzt, um Verben zu substantivieren, z. B. „das Gehen", „das Reden". Das Wort go hat aber noch weitere wichtige Bedeutungen, von denen im Verlauf die Rede sein wird.

Gegenwart (Präsens)

Die Verbform bleibt bei allen Personen dieselbe, das vereinfacht alles. Man nimmt in der Regel das Verb in der Grundform (ohne go). Die Gegenwart wird durch das Wort a markiert:

ke a robala	ich schlafe
o a robala	du schläfst / er, sie , es schläft
re a robala	wir schlafen
le a robala	ihr schlaft
ba a robala	sie schlafen

ke a ja	ich esse
o a ja	du isst / er, sie , es isst
re a ja	wir essen
le a ja	ihr esst
ba a ja	sie essen

Verneinung der Gegenwart

Für die verneinte Form wird ga vorangestellt, und die Endung der Verbform ändert sich:

ga ke robale	ich schlafe nicht
ga o robale	du schläfst nicht / er / sie / es schläft nicht
ga re robale	wir schlafen nicht
ga le robale	ihr schlaft nicht
ga a robale	sie schlafen nicht

ga ke tlhaloganye	ich verstehe nicht
ga o tlhaloganye	du verstehst nicht / er / sie / es versteht nicht
ga re tlhaloganye	wir verstehen nicht
ga le tlhaloganye	ihr versteht nicht
ga a tlhaloganye	sie verstehen nicht

Vergangenheit (Präteritum)

Die Vergangenheitsform ist in der Wort-für-Wort-Übersetzung sinngemäß mit der entsprechenden Verlaufsform (Partizip Perfekt) wiedergegeben.

Hier wird das a weggelassen und die Verbform verändert sich leicht. Die Endung -(i)tse bzw. -(i)le markiert die Vergangenheit:

ke robetse	ich schlief
o robetse	du schliefst / er, sie, es schlief
re robetse	wir schliefen
le robetse	ihr schlieft
ba robetse	sie schliefen

Einige wichtige Vergangenheitsformen

Grundform	Verg.	
go botsa	boditse	fragen
go kopa	kopile	bitten (um etw.)
go tsamaya	tsamaile	(weg)gehen, reisen
go reka	rekile	kaufen
go rekisa	rekisitse	verkaufen
go tla	tlile	kommen
go dira	dirile	tun
go ja	jele	essen
go ya	ile	gehen
go itumela	itumetse	glücklich sein, sich freuen
go nna	ntse, nnile	sein, leben, werden, bleiben
go itse	itsile	wissen
go tlhoka	tlhokile	brauchen
go duela	duetse	zahlen
go robala	robetse	schlafen
go bua	buile	reden, sprechen
go bona	bone, bonye	sehen
go batla	batlile	wollen
go tlhapa	tlhapile	waschen (sich)
go tlhatswa	tlhatswitse	waschen (Kleider etc.)
go rata	ratile	mögen, lieben
go nwa	nole	trinken
go fa	file	geben
go tsoga	tsogile	aufstehen, aufwachen

Verneinung der Vergangenheit

Zunächst etwas verwirrend ist, dass hier das Wörtchen a wieder auftaucht, das ansonsten die Gegenwart markiert. Zusammen mit ga (Verneinung) steht es aber für die Vergangenheit:

ga ke a robala	ich schlief nicht
ga o a robala	du schliefst nicht / er, sie, es schlief nicht
ga re a robala	wir schliefen nicht
ga le a robala	ihr schlieft nicht
ga ba a robala	sie schliefen nicht

Zukunft (Futur)

Die Zukunftsformen werden durch Einfügen der Silbe tla vor die Grundform der Gegenwart (ohne go) gebildet. Auch hier bleibt die Verbform immer gleich:

ke tla robala	ich werde schlafen
o tla robala	du wirst schlafen / er, sie, es wird schlafen
re tla robala	wir werden schlafen
le tla robala	ihr werdet schlafen
ba tla robala	sie werden schlafen

Verneinung der Zukunft

Für die Verneinung wird wieder, wie in den anderen Zeiten auch, die Verneinungssilbe ga vorangestellt, und statt tla heißt es na go:

ga ke na go robala	ich werde nicht schlafen
ga o na go robala	du wirst nicht schlafen / er, sie, es wird nicht schlafen
ga re na go robala	wir werden nicht schlafen
ga le na go robala	ihr werdet nicht schlafen
ga ba na go robala	sie werden nicht schlafen

Unregelmäßige Verben

Fast alle Verben enden auf -a. Es gibt genau drei unregelmäßige Verben im Setswana, die nicht auf -a enden:

go itse	wissen, kennen
go lere	bringen
go re	sagen

Einige Beispiele

Sarah a re o batla kofi e ntsho.
Sarah (Geg.) sagen (sie) wollen Kaffee es schwarz
Sarah sagt, sie möchte schwarzen Kaffee.

Ke a go itse.	Ich kenne dich.
Ga ke go itse.	Ich kenne dich nicht.
Ke tla go itse.	Ich werde dich kennen.
Ke a itse.	Ich weiß.
Ga ke itse.	Ich weiß es nicht.
Ke tla itse ka moso.	Ich werde es morgen wissen.
Lere kwano buka eo.	Bring jenes Buch hierher.
O a e lere.	Du bringst es.
Ga o na go e lere.	Du bringst es nicht.
O tla e lere ka moso.	Du wirst es morgen bringen.

Auffordern und Befehlen

Die Befehlsform Einzahl wird gebildet, indem man einfach die Grundform nimmt (ohne go) und ein Ausrufezeichen beifügt.

Robala!	Schlaf!
Tsamaya!	Geh!
Bona!	Schau!

Für die Mehrzahlform wird -ng angefügt:

Robalang!	Schlaft!
Tsamayang!	Geht!
Bonang!	Schaut!

Die Aufforderung, etwas nicht zu tun, bildet man, indem man der Befehlsform o seka wa („du sollst nicht") voranstellt, zum Beispiel:

O seka wa robala!	Schlaf nicht!
O seka wa tsamaya!	Geh nicht!
O seka wa bona!	Schau nicht!

Für die Mehrzahl wird wieder die Grundform verwendet, das -ng fällt weg:

Le seka la robala!	Schlaft nicht!
Le seka la tsamaya!	Geht nicht!
Le seka la bona!	Schaut nicht!

Foto: KG

Dira jaana! Mach es so.

Dira jaana.
machen so
Mach es so.

O seka wa dira jaana.
(du) nicht von machen so
Mach es nicht so.

O seka wa ntshwara!
(du) nicht von anfassen
Berühren Sie mich nicht!

Le seka la nganga.
(ihr) nicht von streiten
Streitet nicht!

Le seka la lela.
(ihr) nicht von weinen
Weint nicht.

Sein und Haben

Das Verb „sein" wird gleichgesetzt mit dem Verb „leben", „werden": go nna. Nicht verwirren lassen, wir kennen dieses Wort bereits als Wortstamm von mo-nna (Mann), und auch als eigenständiges Fürwort nna für die erste Person Einzahl („ich"). Es wird wie jedes andere Verb gebeugt. Die Vergangenheitsform ist ntse / nnile. Einige Beispiele:

Ke nna Temo.
(ich) sein Temo
Ich bin Temo.

Ga se nna Temo.
nicht (ich) sein Temo
Ich bin nicht Temo.

Re nnile leite.
(wir) sein-Verg. spät
Wir waren zu spät.

Ga re nnile leite.
nicht (wir) sein-Verg. spät
Wir waren nicht zu spät.

Vieles, was wir im Deutschen mit „sein" (+ Eigenschaftswort) ausdrücken, geht im Setswana mit der Vergangenheitsform des Verbs. Die Vergangenheitsform lässt sich genau wie ein Eigenschaftswort mit der Subjektsilbe verbinden (wörtlich ungefähr: „ich wurde müde"). Einige Beispiele:

go lapa	müde sein, ermüden
ke lapile	ich bin müde
o lapile	du bist müde, er /sie ist müde

go itumela	glücklich sein
ke itumetse	ich bin glücklich
re itumetse	wir sind glücklich

Genauso werden auch Sachverhalte ausgedrückt, die im Deutschen nicht mit „sein" ausgedrückt werden (vgl. etwa im Englischen „I'm sorry"):

go swaba	leid tun
ke maswabi	es tut mir leid
re maswabi	es tut uns leid

go tshoga	Angst haben
ke tshogile	ich habe Angst
o tshogile	du hast Angst / er / sie hat Angst

Um auszudrücken, wo sich etwas befindet, wird nicht go nna verwendet, sondern das Verhältniswort le („mit" oder „bei") mit den Ortsangaben fa bzw. kwano („hier"), foo („da") oder fale bzw. kwa („dort") kombiniert:

Ntlu e fa. / Ntlu e kwano.	Das Haus ist hier.
Ntlu e foo.	Das Haus ist dort.
Ntlu e fale. / Ntlu e kwa.	Das Haus ist dort drüben.

Bei Personen genügt die Subjektsilbe und die Ortsvorsilbe:

Ke ko lwapeng.
(ich) in Haus
Ich bin zu Hause.

Mmapula o ko Maun.
Mmapula (sie) in Maun
Mmapula ist in Maun.

Das Befinden von Personen, und wie man danach fragt, sind wichtige Bestandteile jeder Unterhaltung:

A o siame?
(?) du/er/sie/es gut
Geht es dir gut? [bzw. Geht es ihm / ihr gut?]

O siame.
du/er/sie/es gut
Dir geht es gut. [bzw. Ihm/ihr geht es gut.]

Ke siame.
(ich) gut
Mir geht es gut.

„es ist": ke und go

Dass diese Wörter mehrere Aufgaben übernehmen, macht es teilweise sehr schwierig, eine exakte Übersetzung anzugeben. Oft sind Varianten möglich. Man kann aber mit etwas Übung erkennen, was gemeint ist.

Neben den bereits kennengelernten Zusammenhängen, in denen uns die Wörter go und ke begegnet sind, kommt hier ein neuer hinzu: Die Wörter go und ke werden oft im Sinne von „es ist" gebraucht. Die grammatische Konstruktion geht allerdings über das Anfänger-Level dieses Buches hinaus. Man sollte sich diese zwei Wörter besonders gut merken.

Go siame.
es-ist gut
Es ist gut.
(Alles okay.)

Ke monna yoo siameng.
es-ist Mann welcher gut
Er ist ein guter Mann.
(Persönlichkeit)

haben

„Haben" wird mit der Subjektsilbe + na le gebildet (wörtlich: „und mit"):

Ke na le potso.
(ich) und mit Frage
Ich habe eine Frage.

Ga ke na potso.
nicht (ich) und Frage
Ich habe keine Frage.

Ke na le pena.
(ich) und mit Stift
Ich habe einen Stift.

Ga ke na pena.
nicht (ich) und Stift
Ich habe keinen Stift.

Darüber hinaus kann man damit auch noch anderes ausdrücken, etwa die Gesellschaft anderer Menschen oder das Vorhandensein von etwas oder jemandem. Die Konstruktion bleibt gleich:

Ke na le Tebo.
(ich) und mit Tebo
Tebo ist bei mir.

Ga ke na Tebo.
nicht (ich) und Tebo
Tebo ist nicht bei mir.

A go na le sengwe?
(?) es-ist und mit etwas
Ist da etwas?

Ga go na sepe.
nicht es-ist und mit nichts
Da ist nichts.

A go na le ope?
(?) es-ist und mit niemand
Ist da jemand?

Ga go na ope.
nicht es-ist und niemand
Da ist niemand.

Go na le mathata.
es-ist und mit Problem
Es gibt ein Problem.

Ga go na mathata.
nicht es-ist und Problem
Es gibt kein Problem.

Eigenschaftswörter

Da der Wort-„Sinn“ stets am Ende des Wortes steckt, kann man trotzdem etwas verstehen, auch wenn der Wortanfang sich verändert. Bis man selbst sämtliche richtigen Formen beherrscht, muss man aber sehr viel üben.

Wie schon im vorigen Kapitel gezeigt, fungieren die Subjektsilben als Ersatz für das Verb „sein“, wenn ein Eigenschaftswort folgt. Man muss also die richtige Subjektsilbe zwischen Haupt- und Eigenschaftswort einsetzen.

Das Eigenschaftswort verändert sich zudem, je nach Hauptwortklasse, aber nicht in jedem Fall und nicht immer gleich. Die Regeln dafür sprengen hier leider den Rahmen!

Es ist aber nicht so kompliziert, wie es zuerst klingt. Die folgende Tabelle hilft, den Überblick zu behalten.

Kl.	Vorsilbe	z. B.	Subj.	Eig. (Adj.)
1	**mo-**	**mosadi** Frau	**ke, o, o**	**mo-ntle**
2	**ba-**	**basadi** Frauen	**re, le, ba**	**ba-ntle**
3	**mo-**	**molelo** Feuer	**o**	**mo-ntle**
4	**me-**	**melelo** Feuer (Mz)	**e**	**me-ntle**
5	**le-**	**lelobu** Chamäleon	**le**	**le-ntle**
6	**ma-**	**malobu** Chamäleons	**a**	**ma-ntle**
7	**se-**	**sekepe** Boot	**se**	**se-ntle**
8	**di-**	**dikepe** Boote	**di**	**di-ntle**
9	**n- / -**	**tsala** Freund	**e**	**ntle**
10	**di-**	**ditsala** Freunde	**di**	**di-ntle**
14	**bo-**	**bolao** Bett	**bo**	**bo-ntle**
Mz: 6!	**ma-**	**malao** Betten	**a**	**ma-ntle**
15	**go-**	**go bina** Tanzen	**go**	**go-ntle**

Molelo o mogote.
Feuer (es) heiß
Das Feuer ist heiß.

Metsi a tsididi.
Wasser (es) kalt
Das Wasser ist kalt.

Baesekele e bonya.
Fahrrad (es) langsam
Das Fahrrad ist langsam.

Thekisi e bonako.
Taxi (es) schnell
Das Taxi ist schnell.

Sefofane se modumo.
Flugzeug (es) laut
Das Flugzeug ist laut.

Mokoro o didimetse.
Kanu (es) leise
Das Kanu ist leise.

Dijo di monate.
Essen (es) lecker
Das Essen ist lecker.

Botswana o montle.
Botswana (es) schön
Botswana ist schön.

Wichtige Eigenschaftswörter

ntle schön	**mpe** hässlich
nnye klein	**tona, golo** groß
nnye jung	**tona** alt (Personen)
sha neu	**kgologolo** alt (Gegenst.)
bonya langsam	**bonako** schnell
siame gut	**bosula** schlecht
tsididi kalt	**mogote, molelo** heiß
didimetse ruhig, leise	**modumo** laut
itumetse glücklich	**hutsafetse** traurig

Hinweisende Eigenschaftswörter

Diese Eigenschaftswörter beschreiben Hauptwörter hinsichtlich Größe, Ebene oder Grad. Das Besondere ist: kana / kalo kann sowohl „groß“ als auch „klein“ bedeuten. Der Sprecher *demonstriert* die Beschreibung. Ohne das Zeigen der Größe (oder entsprechende Informationen zum Kontext) ergibt der Satz keinen Sinn!

Dieselbe Besonderheit gibt es im Setswana übrigens auch bei dem Wort kgantele, *das sowohl „früher“ als auch „später“ heißen kann und aus dem Zusammenhang interpretiert werden muss. Mehr dazu im Kapitel „Zeit und Datum“.*

Noga e kana.
Schlange diese so-groß/so-klein
Die Schlange ist so groß / so klein.

Noga e kalo.
Schlange diese so-groß / so-klein.
Die Schlange ist so groß / so klein.

Farben (mebala)

Ke mmala mang?
es-ist Farbe wer
Welche Farbe ist das?

bontsho	schwarz
bosweu	weiß
bongolo	grau
bohibidu	rot
botala jwa loapi	blau
lephutshe	gelb
botala jwa letlhare	grün
borolwana	orange

Steigern und Vergleichen

Die erste Steigerungsstufe (Komparativ) wird gebildet durch Anhängen von thata („mehr“) an das Eigenschaftswort. Die zweite Steigerungsstufe (Superlativ) erhält man, indem der letzte Teil des Eigenschaftswortes verdoppelt wird.

monate	lecker
monate thata	leckerer
monate thata go gaisa ...	leckerer als ...
monatenate	am leckersten
bontle	schön
bontle thata	schöner
bontle thata go gaisa ...	schöner als ...
bontlentle	am schönsten
leele	groß
leele thata	größer
leele thata go gaisa ...	größer als ...
leeleele	am größten

monate *bedeutet nicht nur „lecker“ oder „köstlich“, sondern (je nach Zusammenhang) auch „lustig“.*

Borokgwe ja gago bo bontle thata go gaisa ja me.
Hose von deine (sie) schön mehr zu als von meine
Deine Hose ist schöner als meine.

Mosadi yo o moleele thata go gaisa monna wa gagwe.
Frau diese (sie) groß mehr zu als Mann von ihrer
Diese Frau ist größer als ihr Ehemann.

Nna ke moleele thata go gaisa wena.
sein (ich) groß mehr zu als du
Ich bin viel größer als du.

Umstandswörter

Diese Wörter beschreiben, wie etwas passiert oder getan wird. Sie beantworten die Frage „wie", benennen also die Art und Weise, wie etwas geschieht oder getan wird.

Sie können in der Form eines Satzes oder einzelnen Wortes auftreten. Einige Beispiele:

go opela go bonya
das Singen das langsam
langsames Singen

go kwalega bontle
das Schreiben schön
schönes Schreiben

go simolola go nnile leite.
das Starten das (Verg.) spät
später Start

Die Verneinung wird durch das Wort ga ausgedrückt.

Gemeint ist das etwas schleppende Singen (langsamer als der Rhythmus)

Go opela ga go bonya.
das Singen nicht das langsam
Das ist kein langsames Singen (kein langsamer Gesang).

Ga go kwalege bontle.
nicht das Schreiben schön
Das ist kein schönes Schreiben (keine schöne Schrift).

Go simolola ga go a nna leite.
das Starten nicht (es) (Verg.) sein spät
Der Start war nicht spät.

Hinweisende Umstandswörter (Demonstrative Adverbien)

Das Demonstrativadverb jaana / jalo („so") erklärt die Art und Weise, wie etwas getan wird oder den Level und die Stärke des Tuns:

Zwischen jaana *und* jalo *(„so") gibt es keinen Unterschied.*

Dira jaana. **Dira jalo.**	Mach es so.
Dirang jaana. **Dirang jalo.**	Macht es so. (Mz)
O seka wa dira jaana. / **O seka wa dira jalo.**	Mach es nicht so.
Le seka la dira jaana./ **Le seka la dira jalo.**	Macht es nicht so.

Als Ausruf („So nicht!"):

Eseng jaana! / **Eseng jalo!** *nicht so*	So nicht!

Verhältniswörter (Präpositionen)

Wichtig sind hier natürlich wieder die Ortsvorsilben mo- (in), ko- (an, nach), go, fa und die dazugehörigen Umstandswörter des Ortes, mit denen man sie kombinieren kann.

Das deutsche „von“ hat im Setswana viele Gesichter. Es wird als ga, ka, ya, wa usw. übersetzt.

Bei den zusammengesetzen Wörtern ist es nahezu unmöglich, eine konsequente und dennoch immer treffende wörtliche Übersetzung der „Einzelteile“ anzugeben. Dies ist auch bei einigen Bindewörtern und Farben der Fall.

fa godimo ga	auf, über, oben oberhalb
fa godimo ga tafole	auf dem Tisch
ko tlase ga	unter, unterhalb von
ko tlase ga bolao	unter dem Bett
ka fa tlase ga	neben oder unter etw.
ka fa tlase ga setilo	neben dem Stuhl / unter dem Stuhl
go bapa le	neben / bei
fa pele ga	vor
mo teng *in hier*	innen/in
go fitlhela	bis
go fitlhelela ba tla	bis sie kommen
fa e sale	seit

Foto: CL

fa godimo ga metsi – auf dem Wasser

Bindewörter (Konjunktionen)

Folgende Bindewörter kennt das Setswana. Sie verbinden Hauptsätze oder Nebensätze miteinander:

le und / mit

Tefo le Bomolemo ba fa.
Tefo und Bomolemo sie hier
Tefo und Bomolelo sind hier.

kana oder

O tla nwa tee kana kofi?
(du) werden trinken Tee oder Kaffee
Nimmst du Tee oder Kaffee?

Unterwegs im Okavango-Delta

Foto: CL

ka gore weil

Ke botsa ka gore go kotsi.
(ich) fragen von weil es-ist Gefahr
Ich frage, weil es gefährlich ist.

le fa go ntse jalo obwohl

Re a tsamaya, la fa go ntse jalo, go kotsi.
(wir) (Geg.) gehen mit hier zu gewesen so es-ist Gefahr
Wir gehen, obwohl es gefährlich ist.

Wenn ein deutsches Wort („obwohl") im Setswana gleich fünf Wörtern entspricht, klingt die Wort-für-Wort-Übersetzung etwas unbeholfen. Als Anhaltspunkt zum Satzbau ist sie zwar durchaus geeignet, aber darüber hinaus nicht wörtlich zu verstehen.

mme aber

Mme dijo di siame.
aber Essen (es) fertig
Aber das Essen ist bereit.

legale trotzdem

Go siame legale.
es-ist gut trotzdem
Trotzdem ist es gut.

gongwe vielleicht

Gongwe ke tla go bona.
vielleicht (ich) werden zu sehen
Vielleicht werde ich dich sehen.

Fragen

Entscheidungsfragen („ja / nein-Fragen") bildet man ganz einfach mit dem Aussagesatz und stellt die Fragepartikel A voran. (In der Wort-für-Wort-Übersetzung ist die Fragepartikel A mit „(?)" angegeben.)

In der Umgangssprache kann dieses A aber auch wegfallen, man hebt am Ende die Stimme ein wenig „fragend" an.

Tlhapi e, e siame.
Fisch dieser (er) gut
Dieser Fisch ist frisch.

A tlhapi e, e siame?
(?) Fisch dieser (er) gut
Ist dieser Fisch frisch?

Ke ka nthusa.
(ich) können helfen
Ich kann helfen.

A nka nthusa?
(?) können helfen
Kann ich helfen?

Peter o rata go bina.
Peter (er) mögen zu tanzen
Peter tanzt gerne.

Peter o rata go bina?
Peter (er) mögen zu tanzen
Tanzt Peter gerne?

Nicht vergessen: o bezieht sich auf die 2. oder 3. Person Ez, bedeutet also „du", „er" oder „sie".

(A) o siame?	Geht es dir gut? Geht es ihm /ihr gut?
(A) o ipaakantse?	Bist du fertig? Ist er / sie fertig?
(A) o a goga?	Rauchst du?
(A) o dirile jalo?	Hast du das gemacht?
(A) o ne a le teng?	War er / sie dort?
(A) e teng?	Ist es dort?
(A) o a tsamaya?	Gehst du?

Fragewörter dipotso

Eng? Was?

Go rileng?
Was ist los?

Mo ke eng?
Was ist das?

Mang? Wer? / Wem?

O batla go bua le mang?
(du) wollen zu sprechen mit wer
Mit wem möchten Sie sprechen?

Yo ke mang?
das es-ist wer
Wer ist das?

O mang?
(du) wer
Wer bist du?

O na le mang?
(du) und mit wer
Mit wem bist du?

Ke mmala mang?
es-ist Farbe wer
Welche Farbe ist das?

Kae? Wo? / Wie?

O ya kae?
(du) gehen wo
Wo gehst du hin?

Dumela, mma, o kae?
Hallo Dame (du) wie
Guten Tag, wie geht's?

Kahe? (ugs.:) Kae? Wie viel? / Wie viele?

Ke bokahe?
es-ist wieviel
Wie viel kostet das?

O dingwaga di kahe?
(du) Jahre (sie) wieviel
Wie alt bist du?

Das Wort kae *kann je nach Zusammenhang verschiedene Übersetzungen haben. So heißt z. B.* O kae? *„Wo bist du?“, „Wo ist er / sie?“ oder „Wie geht es dir?“, „Wie geht es ihr / ihm?“. Hinzu kommt:* kahe *wird in der Umgangssprache oft genauso ausgesprochen wie* kae, *was die Unterscheidung für Neulinge etwas erschwert.*

Leng? Wann?

O tsamaya leng?
(du) gehen wann
Wann gehst du?

Base e emelela leng?
Bus (er) abfahren wann
Wann fährt der Bus ab?

O tla boa leng?
(du) werden zurückkommen wann
Wann wirst du zurück kommen?

Ka go reng? Warum?

Ke eng o dira jalo?
es-ist was (du) machen so
Warum machst du das?

Jang? Wie?

Go ntse jang?
es-ist gewesen wie
Wie ist es?

O ikutlwa jang?
(du) fühlen wie
Wie fühlst du dich?

Metsi a ntse jang?
Wasser (es) gewesen wie
Wie ist das Wasser?

Efe? Welche/r/s?

O batla efe?
(du) wollen welches
Welches möchtest du?

Verneinung

Ein Aussagesatz wird verneint, indem das Wort ga vorangestellt wird:

Go gontle.	**Ga go gontle.**
es-ist schön	*nicht es-ist schön*
Es ist schön.	Es ist nicht schön.

Weitere Beispiele zur Verneinung finden sich auch in den Kapiteln „Verben und Zeiten“, „Auffordern und Befehlen“ und „Sein und Haben“.

Die verneinte Befehlsform:

Tsamaya!	Geh!
O seka wa tsamaya!	Geh nicht!
Tsamayang!	Geht!
Le seka la tsamaya!	Geht nicht!

Als Ausruf („So nicht!“):

Eseng jaana! / **Eseng jalo!** *nicht so*	So nicht!

Beschriftungen und Hinweisschilder sind oft auf Englisch

Foto: CL

Zahlen und Zählen

Die Zahlen auf Setswana sind hier aufgeführt, für den Fall, dass man sie einmal braucht. Im Alltag werden aber meistens die englischen Zahlwörter verwendet.

Das Einzige, wofür man die Zahlen auf Setswana wirklich braucht, sind Zeitangaben. Ansonsten werden alle Zahlen auf Englisch genannt.

0	**lefela**
1	**bongwe**
2	**bobedi**
3	**boraro**
4	**bone**
5	**botlhano**
6	**botaro**
7	**bosupa**
8	**boferabobedi**
9	**boferabongwe**
10	**lesome**
11	**lesome le motso** *zehn und eins*
12	**lesome le bobedi** *zehn und zwei*
13	**lesome le boraro** *zehn und drei*
14	**lesome le bone** *zehn und vier*
15	**lesome le botlhano** *zehn und fünf*
16	**lesome le borataro** *zehn und sechs*
17	**lesome le bosupa** *zehn und sieben*
18	**lesome le boferabobedi** *zehn und acht*
19	**lesome le boferabongwe** *zehn und neun*
20	**masome a mabedi** *Zehner von Zweier*
30	**masome a mararo** *Zehner von Dreier*
40	**masome a mane** *Zehner von Vierer*
50	**masome a matlhano** *Zehner von Fünfer*

60	**masome a marataro** *Zehner von Sechser*
70	**masome a supa** *Zehner von Siebener*
80	**masome a a ferang bobedi** *Zehner von Achter*
90	**masome a fera bongwe** *Zehner von Neuner*
100	**lekgolo**
200	**makgolo a mabedi** *Hunderte von Zweier*
300	**makgolo a mararo** *Hunderte von Dreier*
1000	**sekete / tousane**
2000	**dikete tse pedi /** **ditousanetse pedi** *Tausender von zwei*
1.000.000	**sedikadike** Million

sephatlo *halb*	halb
bonnye *wenig*	weniger
bontsi *Fülle*	mehr
gape	wieder
gantsi	viele Male
gangwe fela *einmal nur*	einmal
gabedi *zweimal*	zweimal
gararo *dreimal*	dreimal
ga kahe? *Mal wie-viele?*	Wie viel mal?
Lebaka le le kahe? *Zeit mit mit wieviel*	Wie lange?

Zeit und Datum

Botswanas Zeit ist GMT +2 (+1). Das Land hat keine Sommerzeit. Die Öffnungszeiten für Behörden sind montags bis freitags von 7:30 bis 16:30 Uhr, mit Mittagspause von 12:45 bis 13:45 Uhr. Der private Sektor ist geöffnet von Montag bis Freitag von 08:00 bis 17:00 Uhr. Mittagspause ist in der Regel von 13:00 bis 14:00 Uhr. Große Unternehmen haben jedoch meist keine Mittagspause und sind auch samstags geöffnet, mindestens von 8:00 bis 12:00 Uhr, teilweise auch am Sonntag.

nako und lebaka

Für die „Zeit“ gibt es zwei Wörter: nako und lebaka. Nako bedeutet Zeit im Sinne von „Zeitpunkt“. Man verwendet dieses Wort, wenn man von der Uhrzeit oder oder von einem bestimmten Tages-, Monats- oder Jahreszeitpunkt spricht. Lebaka bedeutet „Zeitraum“ oder „Zeitspanne“. In anderen Zusammenhängen heißt es aber auch „Grund“.

O tla tsaya lebaka le le kahe?
(?) (du) werden nehmen Zeit (die) (die) wie-viel
Wie lange wirst du brauchen?

Lebaka ke eng o dira seo?
Grund es-ist was (du) machen dies
Warum tust du das?

Ka nako mang?
bei Zeit was
Wann? Um welche Zeit?

Lebaka le le kahe?
Zeit (sie) (sie) wie-viel
Wie lange?

Wochentage (malatsi a beke)

Go la bo kahe gompieno?
es-ist von wieviel Tage heute
Welcher Tag ist heute?

Mantaga	Montag
Labobedi	Dienstag
Laboraro	Mittwoch
Labone	Donnerstag
Labotlhano	Freitag
Sateretaga / Matlhatso	Samstag
Sontaga / Tshipi	Sonntag

letsatsi / malatsi	Tag (/e)
beke / dibeke	Woche (/n)
kgwedi / dikgwedi	Monat (/e)
ngwaga / dingwaga	Jahr (/e)
ka letsatsi	täglich
ka beke	wöchentlich
ka kgwedi	monatlich
ka ngwaga	jährlich
gompieno	heute
maabane	gestern
ka moso	morgen

Nako ke mang?
Zeit es-ist wer
Wie spät ist es?

O tla boa leng?
(du) werden zurückkehren wann
Wann bist du zurück?

nako ya bosupa *Zeit von sieben*	7 Uhr
nako ya sethoboloko *Zeit von Mittag*	12:00 Uhr mittags
nako ya bobedi mo mosong *Zeit von zwei am Morgen*	2:00 Uhr morgens
nako ya bobedi tshokologo *Zeit von zwei Nachmittag*	14:00 Uhr
nako ya borataro maitseboa *Zeit von 6 Abend*	18:00 Uhr
masome a mararo go tlogela ... *Zehner (sie) drei zu lassen ...*	halb ...

Die halbe Stunde wird anders als bei uns wie im Englischen ausgedrückt, also „halb nach ...“:

masome a mararo go tlogela nako ya bosupa
Zehner (sie) drei zu lassen Zeit von sieben
halb acht

Monate

Das Datum gibt man in informellen Gesprächen und Unterhaltungen im Alltag auf Englisch an, in offiziellen Schreiben dagegen auf Setswana.

Ferikgong	Januar
Tlhakole	Februar
Mopitlo	März
Moranang	April
Motsheganong	Mai
Seetebosigo	Juni
Phukwi	Juli
Phatwe	August
Lwetse	September
Diphalane	Oktober
Ngwanatsela	November
Morule	Dezember

„früher“ oder „später“?

Ungewohnt für Deutschsprachige: das Wort kgantele wird im Setswana sowohl für einen späteren als auch für einen früheren Zeitpunkt gebraucht. Der Zusammenhang (z. B. welche Zeitform verwendet wird) lässt meist erkennen, auf welchen Zeitpunkt es sich genau bezieht.

Ke tla go bona kgantele.
(ich) werden zu sehen später
Ich werde dich später sehen.

Ke mmone kgantele.
(ich) (sie-)gesehen früher
Ich sah sie vorher (früher).

Hier verändert sich bona *durch den Bezug auf ein Objekt zu* mmone.

gompieno	jetzt
morago	später
kgantele	früher / später
pele	vor / bevor
morago	nach / nachdem
nako nngwe	manchmal
nako tsotlhe	immer
gangwe le gape	oft
go fitlhelela	bis
fa e sale	seither
esale	seit
thari, leiti	spät
mo nakong e se kae	bald

Tageszeiten

moso	Morgen
mo mosong	am Morgen
tshokologo	Nachmittag
mo tshokologong	am Nachmittag
maitseboa	Abend
mo maitseboeng	am Abend
bosigo	Nacht
mo bosigong	in der Nacht
bosigogare	Mitternacht
oura / dioura	Stunde (/n)
motsotso / metsotso	Minute (/n)

Ke maswabi ke leiti.
(ich) leidtun (ich) spät
Es tut mir leid, dass ich zu spät bin.

Ke eng o le leiti?
es-ist was (du) mit spät
Warum bist du spät gekommen?

lebaka le le leele *Zeit mit mit lange*	eine lange Zeit
gape	wieder
gapegape *wieder-wieder*	immer wieder
nako le nako *Zeit und Zeit*	wieder und wieder
gantsi *viele-Male*	mehrmals
gantsintsi *viele-viele-Male*	vielmals

In Botswana wird das metrische System verwendet. (Früher war das englische System üblich, und so kommen vereinzelt auch noch Pfund, Meile und Fuß vor.) Da man normalerweise die englischen Zahlen benutzt, sind auf dem Gebiet keine besonderen Schwierigkeiten zu erwarten.

Ortsnamen gehören zur Klasse 9. Als Subjektsilbe wird aber o *verwendet wie in den Klassen 1 und 3!*

Maun o bokgakala bo bokae?
Maun (es) Entfernung (sie) wieviel
Wie weit ist es nach Maun?

Maun ke twelve kilometers.
Maun es-ist zwölf Kilometer
Es sind 12 km.

Entfernungen sind in Kilometern angegeben.

Foto: CL

Kurz-Knigge

Ein Bürger in Botswana ist ein Motswana (Einzahl) und mehrere Motswana sind Batswana (Mehrzahl). Batswana sind entspannte Menschen, die in den meisten Lebenslagen friedlich und ruhig miteinander umgehen. Sie sind normalerweise bescheiden, freundlich, tolerant und anspruchslos. Die Bürger in Botswana streben immer nach friedlichen und freundschaftlichen Konfliktlösungen. Sie sind sehr hilfsbereit.

Botswana ist eine mehrsprachige Gesellschaft mit etwa 20 verschiedenen Sprachen. Trotz des pluralistischen Charakters, der Vielfalt der Sprachen und der Gesellschaft leben die Menschen friedlich miteinander. Die gesamte Gesellschaft stützt sich auf das System von Beratung, Kommunikation und Verhandlung. Körperliche Auseinandersetzungen werden vermieden, der Dialog bleibt das bevorzugte Mittel zur Konfliktlösung. Ein altes Sprichwort sagt: Ntwa kgolo ke ya molomo, wörtlich übersetzt: „Der beste Weg zu kämpfen ist durch Worte."

Die Familie

Botswana ist eine gemeinschaftliche Gesellschaft. Die Familie spielt eine wichtige Rolle, und jeder achtet auf den anderen, speziell wenn es sich um Familienmitglieder handelt.

Wie im restlichen Afrika braucht es ein ganzes Dorf, um ein Kind zu erziehen. Es ist üblich, dass

Kinder von den Großeltern, von Tanten oder Onkeln aufgezogen werden, da die Eltern oft beide entfernt des Dorfes arbeiten müssen, um die Famile zu unterstützen. Viele Familien leben als Großfamilie und kümmern sich um die Kinder von verstorbenen oder arbeitslosen Verwandten. Jedes Familienmitglied spielt eine Rolle in der Erziehung der Kinder.

Viele Familien werden von Frauen geführt. Dies aus verschiedenen Gründen, unter anderem der Tatsache, dass es in Botswana mehr Frauen als Männer gibt. Das bedeutet, dass es auch viele allein erziehende Frauen gibt.

Religion und Tradition

Die meisten Botswaner sind gläubige, aktiv praktizierende Christen. Viele gehören einer Kirchengemeinde an und gehen regelmäßig in die Kirche. Es gibt verschiedene Gemeinden wie Presbyterian, Catholic, Pentecostal, Charismatic und viele mehr. Viele Gemeinden haben eine Kirche, manche treffen sich in großen Zelten oder bei jemandem zu Hause. Im Gottesdienst geht es meist anders zu als in Europa. Es wird viel gesungen, getanzt und freudig lobgepriesen. Meistens sind die Menschen schön angezogen.

In einigen Kirchen tragen Frauen nur Röcke oder Kleider, keine Hosen, und eine Kopfbedeckung ist üblich (aber kein Schleier!). In einzelnen Kirchen dürfen aber auch Frauen Hosen und Männer Shorts tragen.

Auch außerhalb der Kirchen gibt es viele wichtige Traditionen, wie die traditionelle Hochzeitszeremonie mit allem, was dazu gehört. Hochzeiten werden auf verschiedene Arten zelebriert, traditionell oder kirchlich. Paare, die offiziell verlobt sind, leben oft schon zusammen und haben

Kinder, bevor sie heiraten, da die traditionelle Hochzeit sehr kostspielig ist und es wichtig ist, sie den traditionellen Regeln nach zu zelebrieren. Es ist nicht nur eine Sache zwischen den Brautleuten, sondern eine ganze Reihe weiterer Personen aus den Familien haben dabei ein Wörtchen mitzureden. Es ist ein Prozess, der in mehreren Schritten zur Hochzeit führt. Dazu gehört der formelle Antrittsbesuch der Familie des Bräutigams bei der Familie der Braut, und auch das Anhalten um die Hand der Braut unterliegt ganz bestimmten Regeln.

Verhalten als Gast und in der Öffenlichkeit

Höflichkeit ist sehr wichtig. Die Begrüßung ist die wichtigste Basis, wobei man sich die Hände schüttelt. Es gibt verschiedene Arten, dies zu tun, abhängig von der Beziehung zwischen den Grüßenden. Umarmungen hängen ebenso von der persönlichen Beziehung zu der Person ab. Es ist üblich, eine Person, die man zum ersten Mal offiziell trifft, bei der Begrüßung als Zeichen des Willkommens zu umarmen. Wenn man jemanden sehr respektvoll begrüßen will, etwas nehmen oder geben will, hält man mit der linken Hand das rechte Handgelenk oder den rechten Ellbogen oder macht eine leichte Verbeugung.

In den meisten Orten sprechen die Menschen auch gut Englisch, außer abseits in ganz ländlichen Gebieten.

Das Konsumieren von Alkohol ist auf öffentlichen Plätzen nicht gestattet.

Körperlicher Kontakt wie Küssen oder Schmusen in der Öffentlichkeit wurde ursprünglich nicht toleriert und ist auch heute nur selten zu sehen. Aber man sieht oft Leute des gleichen oder unterschiedlichen Geschlechts Hand in Hand gehen. Das ist ein Zeichen von Freundschaft und bedeutet nicht, dass es ein Paar ist.

Alten Menschen gegenüber zeigt man zum Beispiel Respekt, indem man sie in der Warteschlange vorlässt oder ihnen den eigenen Sitzplatz anbietet.

Die Menschen in Botswana sind außerordentlich freundlich und hilfsbereit. Oft wird keine direkte Gegenleistung erwartet – heute helfe ich dir und morgen hilfst du jemand anderem, der es braucht, so könnte man sagen.

Politik: sepolotiki

Botswana stand früher unter britischem Schutz und wurde „Bechuanaland" genannt. Nach der Unabhängigkeit im Jahr 1966 wurde der Name von „Bechuanaland" in „Botswana" geändert. Der Nationalfeiertag ist der Unabhängigkeitstag am 30. September. Die Regierung repräsentiert eine Vielparteien-Demokratie. Seit der Unabhängigkeit ist Botswana ein leuchtendes Beispiel für eine gute zivile und demokratische Führung.

Das Wappen Botswanas

Die Zahnräder an der Oberseite des Schildes repräsentieren die Industrie. Die drei blauen Streifen stehen für die Flüsse sowie Wasser,

das in einem trockenen Land wie Botswana sehr wertvoll ist. Der Stierkopf an der Unterseite des Wappens zeigt die Viehwirtschaft, die in einem Land, in dem fast alle Einwohner Nutztiere halten, sehr wichtig ist. Es gibt ca. 2 Millionen Menschen in Botswana und ca. 5 Millionen Rinder. Das linke Zebra hält einen Elefantenstoßzahn und das rechte Zebra hält eine Ähre Hirse. Der Stoßzahn repräsentiert die wilden Tiere sowie den Tourismus, die Hirse vertritt die Landwirtschaft. Das Zebra ist das Nationaltier Botswanas, man findet es auf der Währung, und auch die Fußballnationalmanschaft nennt sich die „Zebras". Die Riesentrappe ist der Nationalvogel, wird aber nicht im Wappen gezeigt.

Das nationale Motto lautet: Pula! *Regen!* „Lass es regnen!".

Die Flagge Botswanas

Die Farben himmelblau oder zartblau der Botswana Fahne sind dieselben wie auf dem Nationalwappen. In Botswana sagt man „Botswanablau". Die blaue Farbe repräsentiert das Wasser und die weiß-schwarzen Streifen symbolisieren die Harmonie zwischen allen Menschen.

Die Nationalhymne Botswanas

Fatshe leno la rona. Ke mpho ya Modimo.
Ke boswa jwa borraetsho, a le nne ka kagiso.
Tsogang, tsogang banna, tsogang,
Emang basadi, emang, tlhaagafalang,
Re kopaneleng go direla lefatshe la rona.
Ina le ntle la tumo, la tshaba ya Botswana.
Ka kutlwano le kagisano, E bopagantswe mmogo.
Tsogang, tsogang banna, tsogang
Emang basadi, emang, tlhaagafalang,
Re kopaneleng go direla
lefatshe la rona.

Dieses unser Land, Ist ein Geschenk Gottes,
Ein Erbe unserer Vorväter, Möge es immer in Frieden sein.
Erwacht, erwacht, Oh Männer, erwacht!
Erhebt euch, Oh Frauen, erhebt Euch!
Seid aktiv, Lasst uns gemeinsam arbeiten,
um zu dienen, Unserem Land.
Wunderbarer Name des Ruhms
Der Nation von Botswana
Durch harmonische Beziehungen und Einklang
Miteinander verbunden.

Die Nationalhymne erkennt Gott als Schenker von Leben und Land an. Zudem verkörpert sie die nationalen Werte Frieden, Harmonie, harte Arbeit, Gemeinsamkeit und Patriotismus. Sie schätzt und würdigt die Bemühungen der Vorfahren, die das Land als Erbe für die folgenden Generationen hinterlassen haben. Die Nationalhymne wird bei jedem Kgotla-Treffen (Versammlung im Dorf), am Anfang einer offiziellen Veranstaltung oder an besonderen nationalen Anlässen gesungen. Die Kgotla ist der traditionelle Treffpunkt in jedem Ort in jeder Stadt, vergleichbar mit dem Bürgermeisteramt.

Foto: KG

Die botswanische Herzlichkeit ist einfach ansteckend

Begrüßen und Verabschieden

Diese Begrüßungen können über den ganzen Tag benutzt werden:

Dumela.	Hallo / Guten Tag.
Dumela, mma.	Guten Tag, Dame.
Dumela, rra.	Guten Tag, Herr.

Mit einem Smartphone können Sie sich die Sätze dieses Kapitels anhören. Scannen Sie einfach den QR-Code mit Hilfe einer kostenlosen App (z. B. „Barcoo" oder „Scanlife").

Dumela, mma, o kae?
Hallo Dame (du) wie
Hallo, wie geht es Ihnen (Dame)?

Dumela, rra, o kae?
Hallo Herr (du) wie
Hallo, wie geht es Ihnen (Herr)?

O kae?
(du) wie
Wie geht es dir ?

Le kae?
(ihr) wie
Wie geht es euch?

Ke teng.
(ich) gut
Mir geht es gut.

Re teng.
(wir) gut
Uns geht es gut.

Ke teng , wena o kae ?
(ich) gut Sie (du) wie
Mir geht es gut, und selbst?

Ke a leboga.
(ich) (Geg.) danken
Danke.

Tanki.
Danke.

Als Antwort auf „Danke" („Bitte schön") wird auch gesagt:

Ke itumetse.
(ich) glücklich
Bitte (sehr).

Verabschieden: go laela

Go siame.
es-ist gut
Auf Wiedersehen. / Okay. / Es ist gut.

Go shapo.
es-ist okay
Tschüss! (informell)

Tsamaya sentle.
geh gut
Auf Wiedersehen (zu dem, der geht)

Sala sentle.
bleib gut
Auf Wiedersehen (zu dem, der bleibt)

Tlhola sentle!
bleib gut
Schönen Tag noch!

Nna le letsatsi le le monate.
sein mit Tag (er) (er) gut
Einen schönen Tag.

Boroko.
Gute-Nacht
Gute Nacht

Robala sentle!
Schlaf gut!
Schlaf gut!

Ditoro tse di monate!
Träume die (sie) schön
Träum süß!

Ke siame.
(ich) gut
Ich bin o.k. / Es geht mir gut.

Namen und Anrede

Es gibt kein Siezen und Duzen. Die Anrede o (du) ist ebenso höflich wie wena.

sich bekannt machen: ikitsisanyo

Leina la me ke ...
Name von mein es-ist
Mein Name ist ...

Ke bidiwa ...
ich heißen ...
Ich heiße...

Ke Pesa.
ich Pesa
Ich heiße Pesa.

Ke nna Pesa.
ich sein Pesa
Ich bin Pesa.

Leina la gago ke mang?
Name von dein es-ist was
Wie ist dein Name ?

Ke Pesa, wena o mang?
ich Pesa du du wer
Ich bin Pesa, und du?

Ke lebogela go go itse.
ich dankbar zu dein kennen
Freut mich, Sie kennenzulernen.

Ke itumelela go go itse.
ich glücklich zu dein kennen
Freut mich, Sie kennenzulernen.

Go leboga nna.
ich danken sein
Die Freude ist ganz meinerseits.

Vornamen

In Botswana wird der Name für ein Kind nach verschiedenen möglichen Faktoren ausgesucht. Einige Beispiele:

Umstände der Geburt: Temo *(pflügen)* für ein Kind, das während der Zeit des Pflügens geboren ist. Mmapula *(Mutter des Regens):* das Kind kam an einem Regentag zur Welt, ein Segen. Modisa *(ein Hirte):* ein Junge, den die Familie als jemanden sieht, der nach den Haustieren schauen wird. Die Wirtschaft Botswanas ist abhängig von Rindern, darum wird von jedem Motswana erwartet, auch Rinder zu haben, egal wie viele.

Gern wird das Kind auch nach einem Familienmitglied benannt, insbesondere den Großeltern. Dem Kind wird die gleiche Ehre zuteil wie der alten Person oder der verstorbenen Person entgegengebracht wurde. Die Person, nach der das Kind benannt wurde, wird es verehren und lieben wie ein eigenes Kind. Sie überschüttet das Kind mit Geschenken und Liebe.

Ereignisse nationaler, familiärer oder ethnischer Bedeutung: Boipuso *(Unabhängigkeit):* ein Kind, Junge oder Mädchen, das am Nationalfeiertag, dem Unabhängigkeitstag am 30. September, geboren wurde.

Persönliche Erfahrungen der Eltern, ob erfreulich oder unerfreulich: Dikeledi *(Tränen)*: vielleicht ist ein Elternteil gestorben, sie haben sich während der Zeit der Geburt getrennt oder ein Familienmitglied ist gestorben.

Das Geschlecht oder die Stellung eines Kindes innerhalb der Familie: Mosetsana *(Mädchen)*, Mosimanegape *(noch ein Junge)*, Bofelo *(Letzter)*, Keeme *(ich habe aufgehört)*, um zu zeigen, dass die Eltern einen Jungen wollten und ein Mädchen bekamen oder umgekehrt.

Ausdruck des Glaubens der Familie: Tumelo *(Gottvertrauen)*, Thoriso *(Lobpreisen)*.

Beauty *(Schönheit)* ist der Name, den mir meine Mutter gab, weil sie mich so schön fand und als Beispiel für Schönheit. Ich bin mir da ja nicht so sicher, aber sie ist bis heute überzeugt davon!

Blätter als Sonnenschutz

Foto: CL

Das erste Gespräch

Das Wichtigste an jedem Gespräch ist eine ausführliche Begrüßung. Die Begrüßung ist eine Geste der Höflichkeit, auf die in Botswana mehr Wert gelegt wird als bei uns. Gern erkundigt man sich auch, wie es der Familie geht, oder redet übers Wetter.

Der Umgang miteinander ist freundlich, hilfsbereit und warm, eine ruhige Herzlichkeit. Vielleicht nicht überschwänglich, laut tanzend, aber es gibt immer ein Lächeln, ein freundliches Gesicht, oft auch ein Lachen, vor allem wenn man die Leute auf Setswana grüßt und freundlich ist.

Wer europäisch-reserviert ist und nur einen kurzen Gruß dahinmurmelt, macht keinen besonders guten Eindruck.

Leina la gago ke mang?
Name von dein es-ist was
Wie ist dein Name ?

Leina la me ke ...
Name von mein es-ist
Mein Name ist ...

Yo, ke mosadi wa me.
Das ist Frau von mein
Das ist meine Frau.

Yo ke monna wa me.
Das ist Mann von mein
Das ist mein Mann.

Ba ke ditsala tsa rona.
Sie sind Freunde von uns
Das sind unsere Freunde.

Re tswa ko ...
wir kommen aus ...
Wir kommen aus ...

Mit einem Smartphone können Sie sich die Sätze dieses Kapitels anhören.

Jeremane	Deutschland
Austria	Österreich
Switzerland	Schweiz

O dingwaga di kahe?
(du) Jahre (sie) wieviel
Wie alt bist du?

Ke dingwaga di le ...
(ich) Jahre (sie) mit ...
Ich bin ... Jahre alt.

O dira eng?
(du) machen was
Was ist dein Beruf?

O bereka o le eng?
(du) arbeiten (du) mit was
Was ist dein Beruf?

Ke dira ...
Ich arbeite als ...

Ke nna ...
Ich bin ...

Viele arbeiten in der Tourismusbranche, auch Handwerks-Allrounder sind oft anzutreffen. Hier ist überwiegend nur die männliche Form genannt, aber es gibt natürlich auch viele Frauen mit einem Job.

molemi-morui	Landwirt, Farmer
morekisi	Verkäufer
mothusi	Helfer, Assistent
moranodi	Dolmetscher
moapei	Koch
makhanekhe	Mechaniker
motho wa motlakase	Elektriker
moroki	Schneider
mmetli	Zimmermann
tichara / morutabana	Lehrer
mmueledi	Rechtsanwalt
mosekisi	Staatsanwalt
moatlhodi	Richter
mokwadi	Schriftsteller
mogwebi	Geschäftsmann
mogolowane / mookamedi	Manager
moreri	Pastor
ngaka	Arzt
mooki	Krankenschwester
motlhokomedi	Pflegekraft

Foto: KG

Die Familie hat einen hohen Stellenwert

O tlile jang mo Botswana?
(du) kommen wie nach Botswana
Wie bist du nach Botswana gekommen?

Go ntse jang mo go wena?
es-ist gewesen wie da für dich
Wie findest du es?

O go rata jang?
(du) zu gefallen wie
Wie gefällt es dir?

A o nyetse? (zu einem Mann)
(?) (du) verheiratet
Bist du verheiratet?

A o nyetswe? (zu einer Frau)
(?) (du) verheiratet
Bist du verheiratet?

A o na le bana?
(?) (du) und mit Kinder
Hast du Kinder?

Ba kahe?
(sie) wie-viele
Wie viele?

Ba kae?
(sie) wo
Wo sind sie?

Bitten, Danken und Wünschen

Wenn man jemanden um etwas bittet, ist es in jedem Fall höflich und angebracht, am Ende des Satzes stets das Wort tswee-tswee („bitte") anzuhängen.

tswee-tswee
bitte (um etw.)

Ke kopa ...
(ich) bitten-um ...
Darf ich bitte ...

A nka bona ... ?
(?) können sehen ...
Kann ich ... sehen?

Ke kopa go bona .... .
(ich) bitten-um zu sehen ...
Darf ich ... sehen?

Ke a leboga.
(ich) (Geg.) dankbar
Ich danke dir /Ihnen.

Tanki.
Danke
Danke.

Ke itumetse.
(ich) glücklich
Bitte (sehr).

Ee.	Ja.
Nnyaa.	Nein.
Sori foo. *sorry*	Entschuldigung.

Ke maswabi.
(ich) leidtun
Es tut mir leid.

Intshwarele.
Vergebung
Vergib mir. /
Entschuldigung.

Zu Gast sein

Wenn man bei jemandem zu Hause eingeladen ist, wird nicht erwartet, dass man etwas mitbringt, die Familie wird das teilen, was sie hat. Der Gast wird zuerst bedient, hat die Wahl und die größte Auswahl. Es werden keine besonderen Erwartungen gestellt, außer vielleicht einer: Es wird erwartet, dass der Gast das angebotene Essen nicht ablehnt, vor allem wenn er zum ersten Mal auf Besuch ist, denn man hat viel Liebe und Vorbereitung hineingesteckt, um den Gast zu entzücken. Essen abzulehnen bedeutet, man lehnt die Leute ab oder verachtet sie. Eine solche Kränkung sollte man tunlichst unterlassen.

Ke kopa go botsa (sengwe)?
(ich) bitten-um zu fragen (etwas)
Darf ich Sie etwas fragen?

Fa o re ... wa reng?
hier (du) sagen ... was sagen
Wie sagt man ... ?

Se se bidiwa eng ?
das das genannt was
Wie nennt sich das ?

Se ke eng?
das es-ist was
Was ist das?

Ntlwana e kae ?
Toilete (sie) wo
Wo ist die Toilette?

Dijo di ne di le monate.
Essen das ist es mit gut
Das Essen war köstlich.

Ke lebogetse dijo.
(ich) dankbar Essen
Vielen Dank für das Essen.

Für die Familienmitglieder gibt es so viele Bezeichnungen (für ältere, jüngere usw.) dass es hier zu weit führen würde, alle aufzuzählen. Nur einige besonders wichtige Verwandte seien hier genannt:

Ausi	ältere Schwester
Abuti	älterer Bruder
Rrangwane (*„mein jüngerer Vater“*)	Onkel, jüngerer Bruder des Vaters
Rremogolo (*„mein älterer Vater“*)	Onkel, älterer Bruder des Vaters
Mmangwane / mamane (*„meine jüngere Mutter“*)	jüngere Schwester der Mutter
Mmemogolo (*„meine ältere Mutter“*)	ältere Schwester der Mutter
Rakgadi	Tante (väterl., jünger oder älter)
Malome	Onkel (mütterl., jünger oder älter)
Nkuku	Großmutter, Oma
Ntatemogolo	Großvater, Opa

Unterwegs

Botswana hat ein gut ausgebautes öffentliches Verkehrssystem. Überlandbusse fahren teilweise mehrmals täglich von den größeren Orten aus. In den Städten gibt es Busbahnhöfe, und auch unterwegs halten die Busse oft an. Die Busse sind sicher und fahren meist zuverlässig ab. Man muss die Tickets nicht im Voraus kaufen (Ausnahme: Nachtbusse für lange Strecken). Auf kleineren Strecken werden manchmal Kleinbusse eingesetzt, da kann es auch mal vorkommen, dass diese voll sind und man den späteren Bus nehmen muss.

In den großen Ortschaften fahren viele Taxis, die man sich mit anderen Fahrgästen teilen oder für sich alleine nutzen kann, das kostet etwa das Fünf- bis Zehnfache, je nach Distanz, und nennt sich thekisi special („Taxi Spezial").

Es gibt auch einige Fluggesellschaften, die von Maun aus die kleinen Orte im Delta anfliegen und die großen Städte miteinander verbinden (Kasane, Maun, Gaborone, Francistown). Dort gibt es manchmal auch sehr spontan noch Plätze. Traditionelle Eselkarren, Esel und Pferde werden auch heute noch oft als Transportmittel gebraucht, sowie die Mokoros (Kanus) im Delta.

go tsamaya	reisen
koloi	Auto
base	Bus
vene *Van*	Kleintransporter (geschlossen)
khombi *Kombi*	Minibus
sefofane	Flugzeug
setshwaraganyi	Flughafen
thekisi	Taxi
thekisi sepeshale *Taxi Spezial*	Taxi zur Alleinbenutzung
sefofane sa tlhoo tomo / hilikhopotara	Helikopter
mokoro	Einbaum, Boot, Kanu
mokoro o o dumang *Boot (es) (es) Kraft*	Motorboot
sekepe	Schiff
maemelo a dibase	Busbahnhof
baesekele	Fahrrad
sethuthuthu	Motorrad
sethuuthuu	Motorroller
leokwane	Treibstoff
peterole	Benzin
molema	links
moja	rechts
tlhamalala	geradeaus
ntlheng ya	neben
go feta	vorbei
pele ga	vor

Mit einem Smartphone können Sie sich die Sätze dieses Kapitels anhören.

Go ya ko ... ke bokae?
zu gehen nach ... es-ist wieviel
Wie viel kostet es nach ... ?

Ke batla go palama mokoro.
(ich) möchte zu einsteigen Kanu
Ich würde gerne mit dem Mokoro fahren.

A go na le dithekisi fa?
(?) es-ist und mit Taxis hier
Gibt es hier Taxis?

Di duelwa bokae?
(sie) bezahlt wieviel
Wie viel kostet das normalerweise?

Nka bona fa kae thekisi?
können sehen von wo Taxi
Wo bekomme ich ein Taxi?

Ke tlhoka thekisi go nkisa ko ...
(ich) brauchen Taxi es-ist bringen nach...
Ich brauche ein Taxi nach ...

Thekisi sepeshale, ke bokahe?
Taxi spezial es-ist wieviel
Was kostet ein Taxi zur Alleinbenutzung?

Ke batla go hira / renta koloi.
(ich) möchten zu mieten / mieten Auto
Ich möchte bitte ein Auto mieten.

Die englischen Wörter hira *und* renta *werden nicht englisch ausgesprochen.*

Foto: CL

Unterwegs

Ke bokahe?
es-ist wieviel
Wie viel macht das?

Nkisa ko ..., tswee-tswee.
bringen nach ... bitte
Bitte nehmen Sie mich mit nach...

Base e, e ya kae?
Bus dieser (er) gehen wo
Wohin fährt dieser Bus?

Base ya ko ... e kae?
Bus gehen nach ... (er) wo?
Wo finde ich den Bus nach ...?

A base e, e a ema ko ...?
(?) Bus dieser (er) (Geg.) anhalten in
Hält dieser Bus in ...?

Base e e yang ... e emelela leng?
Bus dieser (er) gehen (er) abfahren wann
Wann geht der Bus nach...?

Base, e, e tla goroga leng ko ... ?
Bus dieser (er) werden ankommen wann in ...
Wann kommt dieser Bus in... an?

Maemelo a dibase a kae?
Ort von Bussen (er) wo
Wo ist der Busbahnhof?

Tswee-tswee nkaela ko maemelong a dibase.
bitte weisen zu Ort von Bussen
Wie komme ich zum Busbahnhof?

Ko toropong ke kae?
in Stadt es-ist wo
Wo ist das Stadtzentrum?

Nka bona fa kae lefelo la dijo?
kann sehen von wo Ort von Essen
Wo kann ich ein Restaurant finden?

Ya ka fa molemeng.
gehen bei nach links
Biegen Sie nach links ab.

Ya ka fa mojeng.
gehen bei nach rechts
Biegen Sie nach rechts ab.

Öffentliche Schilder

go butswe *zu öffnen*	offen
go tswetswe *zu schließen*	geschlossen
tsena *rein*	Herein!
ga go tsenwe *nicht zu reinkommen*	Kein Eintritt
ga go ralalwe *nicht zu durchgehen*	Kein Durchgang
tswaa *raus*	Ausgang
kgarametsa *drück*	drücken (Tür)
goga *zieh*	ziehen (Tür)
kotsi *Unfall*	Gefahr
banna *Männer*	Herren
basadi *Frauen*	Damen
ga go letlelelwe *nicht zu erlauben*	verboten
ga go gogwe motsoko *nicht zu rauchen Tabak*	Rauchen verboten

Unterkunft

In Botswana gibt es jede Menge Unterkünfte in allen Preisklassen. Bei den Lodges lohnt es sich auf jeden Fall, im Voraus zu buchen, vor allem während der Hauptsaison. In den Städten gibt es neben Hotels und Lodges auch „Guesthouses“ und einfache Bed-&-Breakfast, sowie „Backpackers” und natürlich auch Campingplätze. Botswana ist auch bekannt fuer seine Top-Luxuslodges fernab im Busch.

Ke kopa boroko, tswee-tswee.
(ich) bitten-um Unterkunft bitte
Ich brauche bitte eine Unterkunft.

A le na le dirumu tse di senang ope?
(?) ihr und mit Zimmer die (sie) mit niemand
Haben Sie Zimmer frei?

Boroko jwa lona ke bokahe?
Unterkunft von euch es-ist wieviel
Was kostet ein Zimmer?

Motho a le mongwe bosigo bo le bongwe ke bokahe?
Person (sie) mit eine Nacht (sie) mit eine es-ist wieviel
Wie viel kostet es pro Person und Nacht?

Batho ba le babedi bosigo bo le bongwe ke bokahe?
Leute (sie) mit zwei Nacht (die) mit eine es-ist wieviel?
Wie viel kostet es für zwei Personen pro Nacht?

Ke tla nna bosigo bo le bongwe.
(ich) werden bleiben Nacht (sie) mit eine
Ich werde für eine Nacht bleiben.

Ke tla nna masigo a le mabedi
(ich) werden bleiben Nächte (sie) mit zwei
Ich werde für zwei Nächte bleiben.

A dijo di baletswe mo teng?
(?) Essen (es) gezählt in hier
Sind die Mahlzeiten im Preis inbegriffen?

Dinako tsa dijo ke dife?
Zeiten für Essen sind welche?
Was sind die Essenszeiten?

go kopa boroko: eine Unterkunft buchen

kamore, rumu	Zimmer
bolao	Bett
bata	Bad
shawara	Dusche
go thuthafatsa	Heizung
motlakase	Strom
laundry	Wäsche
lebaka la go nna	Dauer des Aufenthalts
palo ya masigo	Anzahl der Nächte
sefitlholo / boreikefasete	Frühstück
dijo	Mahlzeiten
khemepe saete	Campingplatz
tante	Zelt
sleeping bag	Schlafsack

A dikamore di na le le mogala inthanete?
(?) Zimmer (sie) und mit mit Leitung Internet
Haben die Zimmer Internet?

A nka dirisa inthanete mo dirumung tsa lona?
(?) können benutzen Internet in Zimmern von euch
Habe ich Internet in den Zimmern?

A nka bona rumu pele?
(?) können sehen Zimmer zuerst
Darf ich das Zimmer sehen?

Go siame, ke tla e tsaya.
es-ist gut (ich) werden (es) nehmen
Okay, ich werde es nehmen.

E ntle, ke tla e tsaya.
(es) schön (ich) werden (es) nehmen
Es sieht gut aus, ich nehme es.

A o ka ntsosa ka nako ya....?
(?) du können wecken zu Zeit von ...
Bitte wecken sie mich um ... !

Foto: CL

boroko – Unterkunft: in allen Preisklassen verfügbar

Essen und Trinken

In Botswana findet man eine große Vielfalt an Verpflegungsorten, von der kleinen Straßenküche bis zum Luxusrestaurant.

Seswaa wird generell in Fülle zu Hochzeiten und Trauerfeiern serviert.

Batswana sind in der Regel Fleischliebhaber und schätzen den gedeckten Tisch mit Rindfleisch, Ziege, Huhn und Lamm sehr. Seswaa, gestampftes gut durchgekochtes Rindfleisch und Ochsenschwanz, gehört zu den traditionellen Fleischspezialitäten. Die lokale Küche bietet Spezialitäten aus einer Reihe von Getreidesorten wie Hirse, Wildhirse und Mais, sowie Mopane-Raupen und verschiedene Gemüsesorten wie Spinat, Kohl, Bohnen, Bohnenblätter und Kürbis. Frischen und getrockneten Fisch gibt es vor allem im Nordwesten von Botswana sowie in der Region Chobe.

mphane – Mopane-Raupe (Gonimbrasia belina), gilt als Delikatesse

Foto: aevanwyk, fotolia.com

Tafole ya batho ba le babedi, tswee-tswee.
Tisch für Personen (sie) mit zwei bitte
Einen Tisch für zwei, bitte.

Ke tlhoka tafole ya motho a le mongwe, tswee-tswee.
(ich) brauchen Tisch für Person (sie) mit eine bitte
Einen Tisch für eine Person, bitte.

A nka bona mmenyu, tswee-tswee.
(?) können sehen Menü bitte
Darf ich bitte die Speisekarte sehen?

Mit einem Smartphone können Sie sich die Sätze dieses Kapitels anhören.

dijo tsa motshegare	Mittagessen
kgomo	Rindfleisch
nama ya kolobe	Schweinefleisch
pudi	Ziege
koko	Huhn
nama	Fleisch allgemein
tlhapi	Fisch

maungo	Früchte
merongo	Gemüse
dinawa	Bohnen
ditapole	Kartoffeln
khabeche	Kohl
lephutshe	Kürbis
morogo	Spinat

borotho	Brot
raese	Reis
mashi	Milch
sukiri	Zucker
mae	Eier

Go na le eng se se monate mo mmenyung?
es-ist und mit was (es) (es) lecker in Menü
Was gibt es Gutes auf der Karte?

A go na le sengwe se se kgethegileng se le se apeileng?
(?) es-ist und mit etwas (es) (es) speziell (es) (ihr) (es) gekocht
Was ist die Spezialität des Hauses?

A le na le dijo dingwe tsa mo gae?
(?) ihr und mit Essen das ist von lokal
Haben Sie ein einheimisches Gericht?

A le na le dijo dingwe tsa setso?
(?) ihr und mit Essen das ist von traditionell
Haben Sie ein traditionelles Gericht?

Traditionelle Gerichte

seswaa	gestampftes, gut durchgekochtes Rindfleisch, manchmal mit Ziegenfett gekocht, zu besonderen Anlässen
phane	Mopane-Raupen
bogobe, serobe	Wildhirsebrei
bilton	Gericht mit Eingeweiden
segwapa	grobe Maisstücke
dikgobe	und Bohnen gekocht
pap, paletshe	Maisbrei (wie Polenta)

Ke ja merogo fela.
(ich) essen Gemüse nur
Ich bin Vegetarier.

Ga ke je tlhapi.
nicht (ich) essen Fisch
Ich esse keinen Fisch.

Ga ke je kolobe.
nicht (ich) essen von-Schwein
Ich esse kein Schweinefleisch.

Ke kopa ... , tswee-tswee.
(ich) bitten-um ... bitte- .
Ich hätte gerne ... , bitte.

poleiti	Teller
mogopo	Schüssel
leiso	Löffel
foroko	Gabel
galase	Glas
thipa	Messer
kopi	Tasse
mogotswana	Untertasse / Schüssel
letswai	Salz

Ke kopa nama ya kgomo.
(ich) bitten-um Fleisch von Rind
Kann ich bitte Rindfleisch haben?

Ke kopa sukiri, tswee-tswee.
(ich) bitten-um Zucker bitte- .
Ich hätte gerne Zucker.

A le na le tlhapi?
(?) ihr und mit Fisch
Haben Sie Fisch?

A nka bona tlhapi?
(?) können sehen Fisch
Für mich Fisch bitte.

Ke kopa mae, tswee-tswee.
(ich) bitten-um Eier bitte
Ich hätte gerne Eier.

Ke kopa mae a a buduleng thata, tswee-tswee.
(ich) bitten-um Eier (sie) (sie) gebraten viel bitte
Ich hätte gerne Spiegeleier (gut gebraten).

Vorsicht mit halb gegarten Eiern, die zwar sehr beliebt sind, Touristen aber Probleme bescheren können.

Ke kopa mae a sa butswang thata.
(ich) bitten-um Eier (sie) nicht gebraten viel
Ich hätte gerne Spiegeleier (nicht durchgebraten).

Getränke

metsi	Wasser	**kofi**	Kaffee
mashi	Milch	**tee**	Tee
biri	Bier	**waene**	Wein

chibuku	Alkoholisches Lokalgetränk aus Hirse
bojalwa	Alkohol (allgemein)

O nka mpha eng sa go nwa?
(du) können geben was das zu trinken
Was können Sie mir zu trinken anbieten?

Ke tla batla sengwe sa go nwa.
(ich) werden möchten etwas das zu trinken
Ich hätte gerne etwas zu trinken.

Ke kopa metsi, tswee-tswee.
(ich) bitten-um Wasser bitte
Ich hätte gerne ein Glas Wasser.

Ke kopa galase ya waene, tswee-tswee.
(ich) bitten-um Glas von Wein bitte
Ich hätte gerne ein Glas Wein.

Foto: SR

Ke kopa kopi ya kofi, tswee-tswee.
(ich) bitten-um Tasse von Kaffee bitte
Ich hätte gerne eine Tasse Kaffee.

molelo – Feuer

Kofi e ntsho, tswee-tswee.
Kaffee (er) schwarz bitte
Ich nehme meinen Kaffee bitte schwarz.

Ke kopa kopi ya tee, e e nang le mashi.
(ich) bitten-um Tasse von Tee (es) (es) getan mit Milch
Kann ich bitte eine Tasse Tee mit Milch bekommen?

A nka bona kopi ya tee e ntsho?
(Geg.) kann haben Tasse von Tee der ist schwarz, bitte
Ich hätte gerne eine Tasse Schwarztee.

Ke gone gotlhe, ke a leboga.
(ich) gehabt alles (ich) bedanke
Das ist alles, Danke.

Ke feditse.
(ich) beendet
Ich bin fertig.

Dijo di ne di le monate.
Essen das ist es mit gut
Das Essen war köstlich.

Ke lebogetse dijo.
(ich) dankbar Essen
Vielen Dank für das Essen.

Ke lebogile thata.
(ich) dankbar viel
Vielen Dank.

Tuelo ke bokahe?
bezahlt es-ist wieviel
Wie viel macht das?

Ke kopa bili.
(ich) bitten-um Rechnung
Kann ich bitte die Rechnung haben?

Re mmogo, re fe bile e le nngwe, tswee-tswee.
(wir) zusammen (uns) geben Rechnung (die) mit gewesen bitte
Wir gehören zusammen, alles auf eine Rechnung bitte.

Le tswala ka nako mang?
ihr schließen um Zeit was
Wann schließen Sie?

Ke nako mang?
es-ist Zeit was
Wie viel Uhr ist es?

Einkaufen

In Botswana gibt es weniger große Märkte als in anderen afrikanischen Ländern, man findet sie nur in den größeren Orten. In manchen Orten gibt es einzelne kleine Stände, diese verkaufen neben Süßigkeiten und Zigaretten (oft einzeln) auch Handy-Aufladekarten (meist in Stücken zu 10, 20, 50 oder 100 Pula), manchmal auch Tomaten, Zwiebeln, Kartoffeln oder Spinat.

Mit einem Smartphone können Sie sich die Sätze dieses Kapitels anhören.

In größeren Städten gibt es Märkte, genannt **mmaraka** (Flohmarkt), auf denen es auch traditionelle Kleider und Speisen gibt.

Tuckshops sind kleine Läden, die das Wichtigste für den täglichen Bedarf anbieten: Getränke, Süßigkeiten, manchmal Streichhölzer, Mehl, Eier und Ähnliches. Man findet sie am Straßenrand und auch in den Dörfern abseits, wobei das Sortiment sehr variiert und man sich nicht darauf verlassen sollte, das zu finden, was man braucht.

Die Menschen aus den kleineren Orten müssen Vorräte kaufen, wenn sie einmal Gelegenheit dazu haben, viele sind auch teilweise Selbstversorger.

Alkohol kauft man normalerweise in Spezialgeschäften oder in Bars. Die größeren Orte haben gut ausgestattete Supermärkte, dort erhält man meist auch gekochtes Essen zum Mitnehmen an der warmen Theke (meist traditionell). Ebenso findet man Läden, in denen so ziemlich alles außer Essen erhältlich ist: Batterien, Kleider, Schuhe, Elektrogeräte, Geschirr, Decken usw.

Einkaufen

In den Geschäften kann man nicht handeln, an Straßenständen schon. Souvenir-Shops verkaufen Batiktücher und die typischen geflochtenen Körbe und Schalen, Lederwaren, Holzschnitzereien, gemalte Bilder, Postkarten und Perlenschmuck. Auch hier kann man versuchen zu handeln, manchmal haben die Läden allerdings fixe Preise, weil sie die Sachen für andere verkaufen. An Straßenständen geht es da besser.

Die Botswanacraft Marketing Company *zeigt jedes Jahr einer Ausstellung der besten Arbeiten im Nationalmuseum in Gaborone.* www.botswanacraft.bw

A nka bona, tswee-tswee?
(?) können sehen bitte
Kann ich das bitte sehen?

A nka lekanya?
(?) können probieren?
Kann ich das anprobieren?

A ke wena o dirileng se?
(?) es-ist du (du) gemacht das
Haben Sie das gemacht?

A se, se dirilwe mo Botswana?
(?) das es gemacht in Botswana
Wurde das in Botswana hergestellt?

Ke bokae?
es-ist wieviel
Wie viel kostet das?

Go go ntle!
(es) es-ist schön
Es ist schön!

Ke a e rata.
(ich) (Geg.) (es) liebe
Ich liebe es.

Ke tla e tsaya.
(ich) werden (es) nehmen
Ich nehme es.

Foto: SR

Kunsthandwerk

A le rekisa diteko / ditlatlana?
(?) ihr verkaufen Körbe?
Verkaufen Sie Körbe?

A le na le mesese ya Setswana?
(?) ihr und mit Kleider von Setswana
Haben Sie Setswana-Kleider?

Go siame, ke tla e tsaya.
es-ist gut ich werden (es) nehmen
Okay, ich werde es nehmen.

Ke tla kopa seo, tswee-tswee.
ich werden bitten-um das bitte
Das hätte ich bitte gerne.

A le na le saese ya me?
(?) ihr und mit Grösse von mein
Haben Sie das in meiner Größe?

Einkaufen

A le amogela madi a mafatshe a sele?
(du) mit willkommen Geld von Länder von jene
Akzeptieren Sie fremde Währung ?

A o na le chenchi?
(?) du und mit Wechsel
Haben Sie Wechselgeld?

Ga ke na chenchi.
nicht (ich) und Wechselgeld
Ich habe kein Wechselgeld.

Ke tlhoka polaseteke.
(ich) brauchen Plastik
Ich brauche eine Plastiktüte.

Nka lebogela seo, tanki.
können dankbar das danke
Das wäre nett, danke.

Go tura thata.
es-ist teuer viel
Es ist zu teuer.

Ga ke na madi.
nicht (ich) und Geld
Ich habe kein Geld.

Ga ke na kgatlhego.
nicht (ich) und Interesse
Das interessiert mich nicht.

Ga ke e batle.
nicht (ich) es will
Das will ich nicht.

Ke maswabi, ga ke e tsee.
(ich) entschuldigen nicht (ich) es nehmen
Entschuldigung, ich nehme es nicht.

go reka	einkaufen
madi	Geld
duela	bezahlen
chenchi	Wechselgeld
credit card	Kreditkarte

Ämter und Behörden

In Behörden wird auch Englisch gesprochen. Für alle Fälle hier nur das Wichtigste:

Ke tlhoka thuso ya mapodise.
(ich) brauchen Hilfe von Polizei
Ich brauche polizeiliche Hilfe.

Nka bona mapodise fa kae?
können sehen Polizei von wo
Wo ist die Polizei?

Ke kopa o bitse mapodise.
(ich) bitten-um (du) rufen Polizei
Bitte ruf die Polizei.

Mapodise a mo tseleng.
Polizei (sie) auf Weg
Die Polizei ist unterwegs.

Ke utswetswe.
(ich) ausgeraubt
Ich wurde ausgeraubt.

Mapodise!
Polizei!
Polizei!

Emisa rre yo o, ke legodu.
halten Mann dieser (er) es-ist Dieb
Stoppen Sie diesen Mann, er ist ein Dieb!

Ke batla go bega molato.
(ich) möchten zu melden Verbrechen
Ich möchte eine Straftat melden.

Sentle-sentle, molato ke eng?
genau Verbrechen es-ist was
Was genau ist passiert?

Molato wa me ke eng?
Verbrechen von mein es-ist was
Welche Straftat habe ich begangen?

A go siame go dira jaana?
(?) es-ist gut zu machen so
Ist es okay, dies zu tun?

Ke dirileng se se molato?
(ich) gemacht (es) (es) falsch
Was habe ich falsch gemacht?

A ke buile sengwe se se molato?
(?) (ich) gesagt etwas (es) (es) falsch
Habe ich etwas Falsches gesagt?

Nka bona kae mmueledi?
können sehen wo Anwalt
Woher bekomme ich einen Anwalt?

Kgotla tshekelo e e gaufi e fa kae fa?
Hof Gericht (er) (er) nah (er) hier wo hier
Wo ist der nachste Gerichtshof?

Se, se ya go tsaya nako e e kahe?
(es) (es) zu brauchen Zeit (es) (es) wieviel
Wie lange wird das dauern?

Bank und Geld

Die Währung Botswanas heißt Pula. Diese ist unterteilt in Pula und Thebe. Pula bedeutet „Regen“ und erinnert an die große Bedeutung des Regens in Botswana. Thebe bedeutet „Schild“. Der Regen ist also das Schutzschild der Nation. Dies unterstreicht noch einmal, wie sehr Botswanas Landwirtschaft und Viehzucht vom Regen abhängig sind.

Reiseschecks kann man in den Banken zum Tageskurs wechseln. Währungen wie US-Dollar, Euro, Britisches Pfund, Südafrikanischer Rand und einige andere können auf Banken oder in lokalen Wechselstuben umgetauscht werden.

Visa, Mastercard und Eurocard werden in den meisten größeren Geschäften, an Geldautomaten sowie an Tankstellen akzeptiert. In kleineren Geschäften muss man bar bezahlen. An Geldautomaten kann es vorkommen, dass man am Wochenende und am Monatsende Schlange steht.

A le amogela madi a mafatshe a sele?
(?) ihr akzeptieren Geld von Länder von jene
Akzeptieren Sie ausländische Währung?

A nka duela ka credit card?
(?) können zahlen mit Kredit Karte
Kann ich mit Kreditkarte bezahlen?

A le chencha madi a mafatshe a sele?
(?) ihr wechseln Geld von Länder von jene
Können Sie Geld für mich wechseln?

Ke ka chencha madi fa kae?
(ich) können wechseln Geld hier wo
Wo kann ich Geld wechseln?

Viele Begriffe rund ums Geld sind aus dem Englischen: go chencha *(change),* ATM, exchange rate, credit card *etc.*

Exchange rate ke bokae?
Wechsel Kurs es-ist wieviel
Wie ist der Wechselkurs?

Mochine wa ATM o fa kae?
Maschine von ATM (es) hier wo
Wo ist ein Geldautomat (ATM)?

madi	Geld
madi a mafatshe a sele	Devisen
ATM	Geldautomat
credit card	Kreditkarte
exchange rate	Wechselkurs
go chencha	wechseln

Telefon

Botswana verfügt über ein gutes Kommunikationsnetz. Die Vorwahl für Botswana ist +267. Wer aus Botswana eine internationale Nummer wählen möchte, muss vorher die 00 wählen und dann die entsprechende internationale Vorwahl. Die Internetverbindung ist recht gut, vor allem in größeren Städten und Dörfern. Das kann sich verschlechtern, je mehr man in die ländlichen Gebiete reist. Mobiltelefone kann man fast im ganzen Land benutzen, und auch das Telefonnetzwerk ist sehr gut verbreitet. Simkarten verschiedener Anbieter können in den meisten Geschäften günstig erworben werden.

Nka dirisa mogala wa gago?
können benutzen Telefon von dein
Kann ich Ihr Telefon benutzen?

A mogala o a bereka?
(?) Telefon (es) (Geg.) arbeiten
Funktioniert das Telefon?

Nomoro ya gago ya mogale ke mang?
Nummer von deine von Telefon es-ist wer
Wie ist deine Telefonnummer?

Nomoro ya me ke ...
Nummer von meine es-ist ...
Meine Telefonnummer ist ...

mogala *bedeutet eigentlich „Faden“ oder „Seil“, hier natürlich im Sinne von „Telefonleitung“. Der „Internet-Anschluss“ heißt ganz folgerichtig:* mogala inthanete.

Wichtige Rufnummern

Mapodise Polizei	999
Batima Molelo Feuerwehr	998
Ambulance Krankenwagen	997
Okavango Air Rescue	995
Rescue 1	993
MRI	992
Emergency Assist	991

Deutsche Botschaft Gaborone	+267-39 53 143
Honorarkonsulat Maun	+267-73 33 59 69
Schweizer Botschaft Gaborone	+ 267-39 56 462
Österr. Honorarkonsulat Gaborone	+ 267 39 51 514

Krank sein

Botswana hat gute private sowie staatliche Krankenhäuser. In diesen wird immer gut Englisch gesprochen. Von den guten Gesundheitseinrichtungen und dem gut ausgebildeten Gesundheitspersonal hat das Land stark profitiert. Sie haben wesentlich dazu beigetragen, die Herausforderungen der HIV- bzw. AIDS-Epidemie der letzten Jahre zu bewältigen. Es gibt einen stetigen Rückgang neuer Infektionen. Das liegt zum einen an der drastischen Aufklärung als auch an den Unterstützungsprogrammen, welche die Regierung in den letzten Jahren eingeleitet hat. Darüber hinaus bietet die Regierung die kostenlose Bereitstellung von HIV- und AIDS-Behandlungen für alle Bürger und Bürgerinnen an. Weitere Förderprogramme umfassen unter anderem die kostenlose antivirale medikamentöse Behandlung für alle Staatsbürger und die Vorbeugung der Mutter-zu-Kind-Übertragung, was zu einer Übertragungsrate von 0% bei Neugeborenen geführt hat. Weiterhin wurden die Themen HIV und AIDS und die Aufklärung darüber ein fester Bestandteil im Lehrplan an Schulen, ebenso im „Talk Back", einem nationalen Fernsehprogramm, das die Bevölkerung mit den wichtigsten Informationen versorgt.

Malaria war in Zentral- und Nordwest-Botswana lange weit verbreitet. Die Regierung bemüht sich aber sehr, die Krankheit auszurotten und ist inzwischen auf einem guten Weg.

Ke golafetse / gobetse.
(ich) verletzt
Ich bin verletzt.

Ke a lwala.
(ich) (Geg.) krank
Ich bin krank.

Ke tlhoka ngaka.
(ich) brauchen Arzt
Ich brauche einen Arzt.

A go na le ngaka fa?
(?) es-ist und mit Arzt hier
Ist hier ein Arzt?

Bitsa ngaka.
rufen Arzt
Rufen Sie einen Arzt.

Sepatela se bokgakala bokae?
Krankenhaus (es) weit wieviel
Wie weit ist das Krankenhaus entfernt?

Offiziell wird eine Malaria-Prophylaxe nach wie vor empfohlen, aber das Risiko, sich mit Malaria zu infizieren, ist mittlerweile sehr gering, besonders im Winter. Erstreisende nach Botswana sollten sich vorher von einem Facharzt beraten lassen.

Apothekenschild

Foto: CL

Wetter und Klima

Botswana ist ein extrem heißes Land. Die Sommersaison ist von Oktober bis April, wo man heiße bis extrem heiße Tage (bis 45 °C und mehr) und Nächte bis gegen 30 °C erwarten kann. Im Winter von Mai bis September ist das Klima trocken mit warmen bis heißen Tagen (25 °C) sowie sehr kalten Nächten und frühen Morgenstunden bis zu unter 0 °C. Die Regenzeit ist von November bis März mit starken Schauern, deren Niederschlagsmenge unberechenbar ist.

Hitzschlag, Erschöpfung, Sonnenbrand und Dehydration sind oft schwerwiegende Probleme für Reisende. Um dies zu verhindern, sollte man viel Wasser trinken. Während aller Freizeit- und Geländeaktivitäten auf dem Wasser oder Land sollte man immer einen Hut und Sonnencreme griffbereit haben. Mineralwasser in Flaschen ist überall in den einheimischen Geschäften erhältlich.

Go mogote.	Es ist heiß.
Go thididi.	Es ist kalt.
Go pula.	Es regnet.
Go phefo.	Es ist windig.

letsatsi	Sonne
ngwedi	Mond
naledi	Stern
dinaledi	Sterne

Foto: CL

In der Wüste

Pula!

Dem Regen kommt als Lebensspender eine besondere Bedeutung zu. Das Motto Botswanas lautet: Pula! *Regen!* „Lass es regnen!". Es ist eine Form der Begrüßung, am Anfang oder am Ende einer Präsentation oder Rede, Ausdruck der Dankbarkeit sowie ein Gebet für Regen, gute Ernte und Wohlstand. Es ist außerdem ein Ausruf der Zuhörer zur Unterstützung eines guten Redners bei offiziellen Anlässen, um ihm zu zeigen, dass man mit seinen Worten einverstanden ist. Und wenn man sein Glas erhebt, sagt man ebenfalls Pula! („Prost!" oder „Zum Wohl!").

Tiere und Vögel Botswanas

Die Tierwelt Botswanas ist für viele Reisende einer der wichtigsten Gründe, das Land zu besuchen. Die wichtigsten Tierarten sind hier aufgeführt, auch auf Englisch, für den Fall, dass man es unterwegs einmal benötigt.

Säugetiere und Reptilien: diphologolo le digagabi

Affe	**Kgabo**	*Monkey*
Ameise	**Tshoswane**	*Ant*
Blaukopfeidechse	**Nkgatapane**	*Blue Headed Lizard*
Breitmaulnashorn	**Tshukudu e tshweu**	*White Rhinoceros*
Büffel (Afrikan.)	**Nare**	*Buffalo*
Buschhase	**Mmutla** **Matswaratsela**	*Scrub Hare*
Buschhörnchen	**Setlhora**	*Tree squirrel*
Chamäleon	**Lelobu**	*Chameleon*
Elefant (Afrikan.)	**Tlou**	*Elephant*
Elefantenjunges	**Tlotswana**	*Baby Elephant cub*
Elenantilope	**Phofu**	*Eland*
Erdferkel	**Thakadu**	*Aardvark*
Erdwolf	**Thuku**	*Aardwolf*
Esel	**Tonki**	*Donkey*
Falbkatze (Afrikan.)	**Tibe**	*African Wild Cat*
Felskaninchen	**Pela**	*Rock Rabbit*
Ferkel	**Kolojwana**	*Piglet*
Fingerotter	**Lenyibi**	*Otter Cape Clawless*
Fledermaus	**Mmamantlhwane**	*Bat*
Fliege	**Ntsi**	*Fly*

Flusspferd	**Kubu**	*Hippopotamus*
Frosch	**Segogwane**	*Frog*
Gelbfuß-Moorantilope	**Puku**	*Puku*
Gepard	**Letlotse**	*Cheetah*
Giraffe	**Thutlwa**	*Giraffe*
Großer Kudu	**Tholo**	*Greater Kudu*
Großriedbock	**Sebogatla**	*Reedbuck*
Grüne Meerkatze	**Kgabo**	*Vervet Monkey*
Halbmondantilope	**Tshesebe**	*Tsessebe*
Honigdachs	**Matshwane**	*Honey Badger*
Hund	**Ntsa**	*Dog*
Hundertfüßler	**Mositlhaphala**	*Centipede*
Igel	**Setlhong**	*Hedgehog*
Impala	**Phala**	*Impala*
Insekten	**Ditshidinyana**	*Insects*

Foto: SR

nkwe – Leopard

Kakerlake	**Lefele**	*Cockroach*
Kap-Erdhörnchen	**Sekatamosima**	*Ground squirrel*
Karakal	**Thwane**	*Caracal*
Katze	**Katse**	*Cat*
Kobra	**Mokwepa**	*Cobra*
Kronenducker	**Phuti**	*Bush Duiker*
Kuh	**Kgomo**	*Cow*
Kuhantilope	**Kgama**	*Red Hartebeest*
Läuse	**Dinta**	*Lice*
Leopard	**Nkwe / Lengau**	*Leopard*
Löffelhund	**Motlhose**	*Bat eared fox*
Löwe	**Tau**	*Lion*
Löwenjunges	**Tawana**	*Lion cub*
Moorantilope	**Letswee**	*Lechwee*
Oryxantilope	**Kukama**	*Gemsbok / Oryx*
Pavianbaby	**Tshwenyana**	*Baby baboon*
Pferdeantilope	**Kwalata e tsetse**	*Roan antelope*
Puffotter	**Lebolobolo**	*Puff adder*
Puku	**Puku**	*Puku*
Pythonschlange	**Tlhware**	*Python*
Rappenantilope	**Kwalata e ntsho**	*Sable Antelope*
Ratte	**Peba**	*Rat*
Riesentrappe	**Kgori**	*Kori Bustard*
Schabrackenhyäne	**Phiritshwane**	*Brown Hyena*
Schakal	**Phokoje**	*Jackal*
Schakalwelpe	**Phokojwane**	*Jackal cub*
Schildkröte	**Khudu**	*Tortoise*
Schlankmanguste	**Kgano**	*Slender mongoose*
Schuppentier	**Kgaga**	*Pangolin*
Schwein	**Kolobe**	*Pig*
Servalkatze	**Tadi / Sebalabolokwane**	*Serval*

Foto: SR

Pitse ya naga – das Zebra ist Nationaltier

Spitzmaulnashorn	**Tshukudu e ntsho**	*Black Rhinoceros*
Spitzmaus	**Nthufe**	*Shrew*
Springbock	**Tshephe**	*Springbok*
Stachelschwein	**Noko**	*Porcupine*
Steinböckchen	**Phuduhudu**	*Steenbuck*
Steppengalago	**Mogwele**	*Lesser Bush Baby*
Steppenpavian	**Tshwene**	*Baboon*
Steppenzebra	**Pitse ya naga**	*Zebra*
Streifengnu	**Kgokong**	*Blue Wildebeest*
Tausendfüßler	**Sebokolodi**	*Millipede*
Truthahn	**Kalakuma**	*Turkey*
Tsetsefliege	**Tsetse**	*Tsetse fly*
Tüpfelhyäne	**Phiri**	*Spotted Hyena*

Foto: CL

khudu Schildkröte

Vieh	**Leruo**	*Livestock*
Waran	**Kgwathe**	*Monitor Lizard*
Warzenschwein	**Mathinthinyane**	*Warthog*
Wasserbock	**Letimoga**	*Waterbuck*
Wasserkudu	**Nnako**	*Sitatunga*
Wassermanguste	**Tshagane**	*Water mongoose*
Weißschwanzmanguste	**Lesela motlhaba**	*White tailed mongoose*
Welpe	**Ntsanyana**	*Puppy*
Wildhund (Afrikan.)	**Letlhalerwa**	*Wild Dog*
Wurm	**Seboko**	*Worm*
Zebramanguste	**Letototo**	*Banded Mongoose*
Zecke	**Kgofa**	*Tick*
(Afrikan.) Zibetkatze	**Tshipalore**	*African Civet*
Ziege	**Podi**	*Goat*
Zwergmanguste	**Swekete / Leswekete**	*Dwarf mongoose*

Vögel: dinonyane

Adler	**Ntsu**	*Eagle*
Bartvogel	**Tlholabaeng**	*Barbet*
Bienenfresser	**Morokapula**	*Bee-eater*
Blattläufer / Jesus-Vogel	**Mogatsakwena**	*Jacana / The Jesus Bird*
Bussard	**Mmankgodi/ Nkgodi/Segodi**	*Buzzard*
Chat	**Leping**	*Chat*
Droßling	**Kopaope/ Mmammoka**	*Babbler*
Eisvogel	**Setshwaraditlhapi**	*Kingfisher*
Ente	**Sehudi / Pidipidi**	*Duck*
Eule	**Morubisi/Legunda**	*Owl*
Falke	**Segootsane**	*Falcon*
Fink	**Letsentsekane**	*Finch*
Fink	**Rabiibii**	*Waxbill*
Flamingo	**Nonyane ya tladi**	*Flamingo*
Fliegenschnäpper	**Kapadintsi**	*Flycatcher*
Flughuhn	**Legwaragwara**	*Sand grouse*
Frankolin	**Lesogo**	*Francolin*
Gabarhabicht	**Phakalane**	*Gabar Goshawk*
Gabelracke	**Letleretlere**	*Lilac Breasted Roller*
Gans	**Letsukwe/ Phalabogogo/ Leharathatha**	*Goose*
Gaukler	**Petleke**	*Short tailed Eagle*
Geier	**Lenong**	*Vulture*
Graulärmvogel	**Mokowe**	*Grey Lorie*
Hammerkopf	**Mmamasilanoka**	*Hamerkop*

Foto: CL

Ntodi – Schlangenhalsvogel

Honiganzeiger	**Tshetlo**	*Honey Guide*
Huhn / Henne	**Koko**	*Chicken / Hen*
Ibis	**Kokolehutwe**	*Ibis*
Jesus-Vogel / Blattläufer	**Mogatsakwena**	*Jacana / The Jesus Bird*
Kiebitz	**Lerweerwee/ Thatshwane**	*Lapwing*
Kormoran	**Timeletsane**	*Cormorant*
Kranich	**Mogolori**	*Crane*
Krickente	**Sehudi**	*Teal*
Kuckuck	**Tlhotlhamedupe**	*Cuckoo*
Kuckuckswürger	**Kgagaroba**	*Cuckoo shrike*
Lerche	**Sebothe**	*Lark*
Löffler	**Mmaleswana**	*Spoonbill*
Madenhacker	**Kalatshomi**	*Ox pecker*
Nachtpfeifschwalbe / Ziegenmelker	**Mmamphuphama**	*European Nightjar/ Fiery necked nightjar*
Nektarvogel	**Rabogoma/ Namadimonate**	*Sunbird*
Oryxweber	**Mohube**	*Bishop*
Racke	**Letleretlere/ Majeke**	*Roller*
Reiher	**Mmamoleane/ Moleane**	*Egret*
Reiher	**Sengwepe**	*Heron*
Riesentrappe	**Kgori**	*Kori Bustard*
Schlangenhalsvogel	**Ntodi**	*Darter*
Schreiseeadler	**Kgwaadira/Audi/ Ntsu ta ditlhapi**	*Fish Eagle*
Schwalbe	**Peolwane**	*Swallow*
Segler	**Peolwane**	*Swift*
Spatz	**Papalagae / Tswere**	*Sparrow*

Specht	**Kokonamore**	*Woodpecker*
Sperber	**Mogale**	*Sparrow hawk*
Spießente	**Monope**	*Northern Pintail*
Star	**Legodi**	*Starling*
Strandläufer	**Mosalakatane**	*Sandpiper*
Strauß	**Ntshe**	*Ostrich*
Taube	**Lephoi**	*Dove*
Taube	**Leeba**	*Pigeon*
Taucher	**Senwedi**	*Grebe*
Teichhuhn	**Kgogonoka**	*Moorhen*
Toko/ Hornrabe	**Korwe**	*Hornbill/ ground hornbill*
Trappe	**Tlatlawe**	*Korhaan*
Truthahn	**Kalakuma**	*Turkey*
Turmfalke	**Phakalane**	*Rock Kestrel*
Uhu	**Nkgodi**	*Eagle-owl*
Wasserhuhn	**Kgogonoka yo montsho**	*Coot*
Webervogel	**Tlhaga**	*Weaver*
Weihe	**Segodi**	*Harrier*
Weißstorch	**Lekololwane**	*White Stork*
Wiedehopf	**Mmadilepe**	*Hoopoe*
Ziegenmelker / Nachtpfeifschwalbe	**Mmamphuphama**	*European Nightjar/ Fiery necked nightjar*

Foto: SR

Kgori – Riesentrappe, der Nationalvogel Botswanas

Dringende Hilferufe

Wenn man einmal Hilfe benötigt, kann man jemanden fragen, z. B. so:

Nthusa, tswee-tswee.
helfen bitte
Helfen Sie mir bitte.

Nka bona thuso kae?
kann sehen Hilfe wo
Wo kann ich Hilfe bekommen?

Ke tlhoka thuso ya potlako.
(ich) brauchen Hilfe von Notfall
Ich brauche dringend Hilfe.

Ke na le mathata.
(ich) und mit Problem
Ich habe ein Problem.

Go na le mathata.
es-ist und mit Problem
Es gibt ein Problem.

Mathata ke eng?
Problem es-ist was
Was ist das Problem?

Ga go na mathata.
nicht es-ist und Problem.
Es gibt kein Problem.

Dira ka pela, tswee-tswee.
machen von schnell bitte
Bitte beeilen Sie sich.

Itlhaganele, tswee-tswee!
beeilen bitte
Bitte beeil dich!

Ke kopa go feta foo.
(ich) bitten-um zu gehen dort
Kann ich bitte durch?

O batlang fa?
(du) wollen hier
Was willst du hier?

Ntlogela.
mich-lassen
Lassen Sie mich alleine.

Tswaa fa.
gehen hier
Hau ab!

O seka wa ntshwara!
(du) nicht von anfassen
Berühren Sie mich nicht!

Ke bitsa mapodise.
(ich) rufen Polizei
Ich rufe die Polizei!

Fa o ka ntshwara ke tla goa!
wenn (du) können anfassen (ich) werden schreien
Wenn du mich berührst, schreie ich!

Molelo!
Feuer
Feuer!

Go a sha!
es-ist (es) brennen
Es brennt!

Ke seemo sa tshoganetso.
es-ist Situation von Notfall
Es ist ein Notfall.
(Es ist dringend.)

Ga ke itse fa ke teng.
nicht (ich) wissen hier (ich) wo
Ich weiß nicht, wo ich bin.

Dilwana tsa me di latlhegile.
Gepäck von mein (es) verloren
Mein Gepäck ist nicht da.

Ke timetse.
(ich) verloren
Ich habe mich verlaufen.

Ga ke bone sepache sa me.
nicht (ich) gesehen Geldbeutel von mein
Ich kann meinen Geldbeutel nicht finden.

Ijaa! /Ijoo! /Aa!
Wow! --- Aua!

Molelo!
Feuer!

Gotsa molelo.
machen Feuer
Zünde ein Feuer an.

Bona koo, kotsi!
schauen hier Gefahr
Pass auf, Gefahr!

Tsamaya!
geh
Geh!

A o siame?
(?) (du) gut
Geht es dir gut?

Tswee-tswee, re thuseng.
bitte uns helft
Bitte, helfen Sie uns.

Re nnile le kotsi.
wir gewesen mit Unfall
Wir hatten einen Unfall.

A o ka nthusa?
(?) (du) können helfen
Können Sie mir helfen?

Thusang! Thusang!
Hilfe! Hilfe!

Ke tshogile.
(ich) ängstlich
Ich habe Angst.

O a dutla!
du/er/sie/es (Geg.) bluten
Du blutest! / er/sie, es blutet!

Nichts verstanden? Weiterlernen!

Ich kann nicht gut Setswana. **Ga ke itse Setswana sentle.**
nicht (ich) wissen Setswana gut

Ich spreche kein Setswana. **Ga ke kgone go bua Setswana.**
nicht (ich) können zu sprechen Setswana

Ich kann kein Setswana. **Ga ke itse Setswana.**
nicht (ich) wissen Setswana

Ich lerne Setswana. **Ke ithuta Setswana.**
(ich) lernen Setswana

Ich verstehe nicht. **Ga ke tlhaloganye.**
nicht (ich) verstanden

Ich verstehe dich nicht. **Ga ke go tlhaloganye.**
nicht (ich) es verstanden

Wiederholen Sie das bitte. **Bua gape, tswee-tswee.**
sagen nochmal bitte

Sprechen Sie Englisch? **A o bua Sekgoa?**
(?) (du) sprechen Englisch

Gibt es hier jemanden, der Englisch spricht? **A go na le mongwe yo o buang Sekgoa?**
(?) es-ist und mit einer der (er) sprechen Englisch

Lesetipps

Wer sich weiter mit der Sprache befassen möchte, kann sich in Botswana mit weiterführender Literatur versorgen, z. B. folgenden Werken:

Bogwasi. B. (2012).Conversational Setswana Made Easy. Maun. Botswana.

Matumo, Z.I. 1993.
Setswana-English-Setswana Dictionary.
Gaborone: Macmillan.

G. R. Dent, C.L.S. Nyembezi:
Compact Setswana Dictionary:
English-Setswana, Setswana-English
(English and Setswana Edition)
Paperback - December 1, 1994

Flora und Fauna Botswanas

Comely, P. and Meyer, S. (1994) A Guide to The Mammals of Botswana. Afria Winndow. Kasane. Botswana

Senyatso, K. (Ed) Beginner's Guide to Birds of Botswana: Ithute Dinonyane Tsa Botswana. (2005 Bird Life Botswana and Wildlife and Environment Society of South Africa. Gaborone. Botswana.

Mogapi, K. (1998) Thutapuo ya Setswana. Longman Botswana.Gaborone.

Wörterliste Deutsch – Setswana

Foto: SR

In dieser Wörterliste sind ca. 1000 Begriffe aus Alltag und Reise enthalten. Nicht mit aufgeführt sind z. B. Zahlen und Wochentage. Auch Vokabeln, die man den Listen in den einzelnen Kapiteln entnehmen kann, sind hier nicht immer aufgeführt.

Für Verben ist jeweils die Grundform angegeben.

Hauptwörter kann man anhand des Wortanfangs der richtigen Klasse zuordnen.

A

Abend maitseboa
Abendessen selalelo
aber mme
abfahren go tsamaya
abfliegen go emelela
abreisen go tsamaya
abschleppen go goga
Adresse aterese
Alkohol bojalwa
allein nosi
alles gotlhe
als (zeitl.) leng
als (Vergleich) go na le/ go feta
alt (nicht jung) godile
alt (nicht neu) kgologolo
Alte(r) mogolo, monnamogolo (m), mosadimogolo (w)
Alter (Lebens-) dingwaga
Andenken segopotso
anfangen go simolola
Angestellte(r) modiri, mmereki
Angst poifo
anhalten go ema
ankommen go goroga
Ankunft kgorogo
Antwort araba
antworten go araba
Apotheke famasi, lebenkele la melemo
arbeiten go bereka
Arbeiter(in) mmereki
arm humanegile
Arm letsogo, lebogo
Arzt ngaka
auch le
auf fa, mo
Aufenthalt go nna
aufhören go ema
aufstehen go tsoga
aufwachen go tsoga
aus kwa
Ausgang tswaa

ausgezeichnet bontle thata
Auskunft kitso
Ausland moseja
Ausländer motswakwa
ausländisch mo go tswang kwa ntle
Ausreise lephata la mesepele ya mafatshe a sele
Aussprache go bitsa mafoko
aussteigen go fologa
Ausstellung tshupo
Ausweis karata ya omang
ausziehen go fuduga (Wohnung) go apola (Kleidung)
Auto koloi
Autowerkstatt mabeelo a koloi

B

Badeanzug; Badehose kapari ya go thuma
baden go tlhapa
Badezimmer ntlwana ya botlhapelo
Bahnhof seteishene sa terena
Bahnsteig serala
bald mo bogaufing
Bank (Geld) madi a banka
Bargeld madi
Batterie betiri, lelatlha
bauen go aga
Bauer molemi morui
Baum setlhare
beeilen, sich go itlhaganela
beenden go fetsa
begleiten go buledisa
begrüßen go dumedisa
behandeln (Krankh.) go alafa
Behörde lephata
bei ko
Beispiel sekai
bekanntmachen, sich go itsise
beleidigen go roga
benachrichtigen go itsise
Benzin leokwane
Berg thaba
Beruf tiro
berühmt tumile
beschweren, sich ngongorega
besichtigen go lebelela
Besitzer mong
besser botoka
bestellen go odara
Bestellung odara
bestrafen go otlhaya
Besuch eta, loeto
besuchen go eta
betrügen go tsietsa
betrunken tagilwe
Bett bolao
Bettzeug dikobo
bevor pele
Beweis bosupi
bezahlen go duela
Bier biri
Bild setshwantsho
billig chipi
Binde phete, bantisi
bis go fitlhelela
bisschen go sekae
Bitte tswee-tswee
bitten go kopa
Blatt pampiri, letlhare
blau botala jwa loapi
bleiben go nna
Bleistift pensele
Blume sethunya
Boot mokoro

Botschaft (dipl.) boemedi
Brand molelo
brauchen go tlhoka
braun borokwa
breit bophara
brennen go sha, go tuka
Brief lekwalo
Briefmarke setempe
Briefumschlag onfolopo
Brille digalase
bringen go tlisa
Brot borotho
Brücke borogo
Bruder motsalwalenna; nnake / nkgonne wa mosimane; mokaulengwe, abuti
Brust (weibl.) mabele
Brust(korb) sehuba
Buch lokwalo
buchen go buka, go beeletsa setilo
Buchstabe tlhaka
bunt mebala
Bürger (Staats-) monggae, monni
Büro ofisi
Bus base

C

Chauffeur mokgweetsi
Chef boso, mogolwane
Computer khompiutara

D

da fa, fano, teng fa, gone fa
Dach marulelo
damit gore go, ka jalo
danach morago ga seo, morago
danke ke a leboga, ke itumetse
danken go leboga
dann e be
darum ke sone, ka jalo
dass moo
Datum letsatsi
Decke (Bett) juvei, kobo
dein/e gago, ga gago
denken go akanya
Denkmal segopotso
deshalb ere ka, jalo he
deutsch sejeremane
Deutsche(r) mojeremane
Deutschland Jeremane
Dialekt puo
dick kima
Diebstahl bogodu
dies se
diese(r,s) tse
Ding selo
Diskothek club, disco, lefelo la maitiso
Dokument(e) dipampiri
Dolmetscher moranodi
Dorf motse
dort kwa
dorthin kwa
dringend ga potlako
du wena
dumm sematla, seso, seleele
dunkel lefifi
dünn sesane
durch (hindurch) ka, ka ntlha, fa gare, fetisa
Durchfall letshololo
dürfen letlelelwa, tshwanetswe
Durst (haben) go tshwarwa ke lenyora, go nyorwa

E

echt ga nnete, ga mmatota
Ehefrau mogatsa, mosadi yo o nyetsweng
Ehemann monna yo o nyetseng
Ehepaar banyalani
Ei (Eier) lee (mae)
einander rotlhe
Einbruch go thuba ntlu, bogodu jwa go thuba
einfach motlhofo
Eingang kgoro
einige go sekae
einladen laletsa
Einladung taletso
einmal nako nngwe, gangwe
einsteigen go tsena mo
eintreten go tsena
einverstanden dumetse
Einwohner monni
Eis (Speise-) aese khirimi
Eisenbahn terena
Eiter boladu
Eltern batsadi
E-mail imeile
empfangen go amogela
empfehlen go buelella, bolelela
Ende bofelo, bofelelo, bokhutlo, phelelo
eng pitlagane, sesane, sesafatsa
englisch sekgoa
Enkel(in) ngwanaangwana
entscheiden go tsaya tshwetso
entschuldigen, sich go ikopa maitshwarelo
er ene
Erde lefatshe
Ereignis tiragalo
Erfolg katlego
erhalten go amogela, go tsaya
erholen, sich go fola
erinnern, sich go gakologelwa
erkältet sein go nna le mohikela
erklären go tlhalosa
erlauben go letlelela
Erlaubnis teseletso
Ermäßigung disekhaonte, phokoletso
Ersatzteil sepee phate
erzählen go bolela, go bolelela
essen go ja
Etage fa fatshe
etwa go batlile go tshwana
etwas sengwe

F

Fabrik madirelo
Faden mogala
Fähre pantune
fahren go kgweetsa
Fahrkarte thekethe
Fahrplan lenaneo, thaemetheibole
Fahrpreis tlhwatlhwa
Fahrrad baesekele
Fahrzeug koloi
falsch molato, go phoso
Familie lelapa, lesika
Familienname sefane
Farbe mmala
(Farbfilm) rolo ya filimi
faul (träge) setshwakga
faul (Obst) bodile
Fehler phoso

Feier mokete
feiern go keteka
feilschen go buisana
Feld tshimo
Fenster fenstere
Ferien malatsi a boitapoloso
fern kgakala
Fernsehgerät thelebisene
fertig ipaakantse
fest kokometse, nnetese ruri
Fest phathi, moletlo
feucht phefo e e bokgola
Feuer molelo
Fieber letshoroma
Film setshwantsho sa motshikinyego, filimi, baesekopo
finden go fitlhela, go bona
Finger monwana
Fisch tlhapi
Flasche lebotlolo, lebotlele
Fleisch nama
fleißig tshwaregile, dira ka natla
fliegen go fofa
flirten go tlhanya
Flughafen maemelo a difofane, eephote
Flugticket thekethe
Flugzeug sefofane
Fluss noka
Folklore leinane, polelo
Formular fomo
Fotoapparat khamera, sekapaditshwantsho
Fotografie senepe, setshwantsho
fotografieren go tsaya senepe
Frage potso
fragen go botsa
Frau mosadi
frei mahala
fremd sa tlwaelesegang
freuen, sich go solofela
Freund(in) tsala
freundlich botsalano
Freundschaft botsala
Frieden kagiso
frieren go sitwa
frisch (Obst) mo go sha
fröhlich itumetse
Frucht leungo
früh go sa le gale
Frühling dikgakologo
Frühstück sefitlholo
frühstücken go fitlhola
fühlen, sich go utlwa
Führung loeto le le nang le mokaedi
für ga
fürchten, sich (vor) go tshoga
Fuß lenano

G

Gabel foroko
ganz gotlhe
Garten tshingwana ya merogo
Gas kese, gase
Gasse phaseje
Gast moeng
Gastfreundschaft kamogelo
Gastgeber monggae, moamogedi
Gebäck mabaka, mapakiwa
Gebäude kago
geben go fa
Gebühr tlhwatlhwa

Geburtstag letsatsi la matsalo
gefährlich kotsi
gefallen go rata
Gefängnis kgolegelo
Gefäß khontheinara
Gefühl maikutlo
gegen kgatlhanong
Gegend lefelo
gegenüber go lebagana
gehen go tsamaya
gelb lephutshe
Geld madi
Gemüse merogo
gemütlich go iketla, go phuthuloga
genau totatota
genug lekane
Gepäck dilwana, dibeke, dithoto
geradeaus tlhamaletse
gern ka boitumelo
Geschäft (Tätigkeit) kgwebo
Geschäft (Laden) shopo, lebentlele
Geschenk mpho
Geschichte (Historie) ditso
Geschichte (Erzählg.) polelo
Geschwister bana ba motho
Gesellschaft kompone, mokgatlho
Gesetz molao
Gespräch bua
gestern maabane
gesund tsogile sentle
Gesundheit botsogo
Getränk seno
Gewicht bokete
Gewitter ditladi le dikgadima
gewöhnen, sich (an) go tlwaela
Gewürz diloko, disepaese
Gift botlhole
Giftschlange noga e e nang le botlhole
Glas galase
glauben go dumela
Glück boitumelo
glücklich itumetse
Gold gauta
Gott modimo
Gramm kereme
Grammatik melao ya tiriso ya puo
Gras bojang
gratulieren go lebogisa
grau ngolo
Grenze molelwane
Grippe fuluu
groß leele/ tona/ kgolo
Größe (Kleidung u.ä.) saese
Großmutter nkuku
Großvater ntatemogolo
grün botala jwa letlhare
Gruppe setlhopha
grüßen go dumedisa
grüßen, sich go dumedisana
gültig utlwalang
gut siame

H

haben go nna le
Hälfte sephatlo
halten go tshwara
Haltestelle ema, emisa
Hand seatla
Handel kgwebo, papadi
Handtuch toulo
hart thata
Haus ntlu
Hausfrau mme yo o nnang mo lapeng

heben go tsholetsa
Heftpflaster polasetara
heiß molelo
helfen go thusa
hell phatsima
Herbst letlhafula
Herr rre
herzlich bothitho
heute gompieno
hier fano
Hilfe thuso, thusa
hinten ko morago
hinter morago
hoch godimo
Hochzeit lenyalo
hoffen go solofela
höflich botho
Holz legong
hören go utlwa
Hotel hotele
hungrig (sein) go tshwarwa ke tlala
Hygiene bophepa
ich nna

I

immer nako tsotlhe
impfen go kenta
in (zeitlich) mo teng
in (örtlich) kwa/ ko
Industrie madirelo
Information kitso
informieren, sich go tsaya kitso
Insekt setshidinyana
Insel setlhaketlhake
interessant kgatlhisa
interessieren, sich (für) go kgatlhegela
international boditshabatshaba

J

ja ee
Jahr ngwaga
Jahreszeit paka
jährlich ka ngwaga
jeder tsotlhe, gotlhe
jedesmal nako le nako
jemand mongwe
jener moo, seo, eo, yoo
jetzt jaanong
Journalist mmega dikgang
jung nnyenyane
Junge mosimane

K

kalt tsididi
kaputt robega
Karte (Land-) mmepe
Karte (Post-) phoosetekad, karata ya melaetsa
Kasse fa go duelelwang teng
kaufen go reka
kennen go itse
Kind ngwana
Kino sinema, ntlo ya dibaesekopo
Kirche kereke
Kleidung diaparo
klein nnye
klug botlhale
Kneipe bara
kochen go apaya
Koffer sutukheise
kommen go tla
kompliziert matswakabele
Kondom sekausu, khondomo
können go kgona go dira
Konsulat boemedi jwa lefatshe

kontrollieren go laola
Konzert khonsata
kosten (Essen) go utlwa (dijo)
kosten (Preis) go lopa
kostenlos mahala
krank lwala
Krankenhaus sepatela
Krankheit bolwetse
kühl tsiditshana
Kühlschrank fridge, setsidifatsi
Kunst botaki
kurz khutshwane
küssen go suna, go atla

L

lächeln go nyenya
lachen (über etw.) go tshega ka ga
Lage (geogr.) lefelo
Laken letsela, matsela
Lampe lebone
Land lefatshe
Landkarte mmepe
Landschaft tebego ya lefelo
Landwirtschaft temothuo
lang (Entfernung) leele (sekgala)
lang(e) (Zeit) telele (nako)
langsam bonya
langweilig tswafisa
laufen, rennen go taboga, go siana
laut godimo
leben go tshela
Leben botshelo
Lebensmittel dijo
ledig go nna nosi o sa nyalwa / nyala
leer go sa nna le sepe, sena sepe
legen go rapama
Lehrer(in) morutabana
leicht (nicht schwer) motlhofo
leihen, sich (von) go adima
lernen go ithuta
lesen go bala
Leute batho
Licht lesedi
lieben go rata
Lied pina
liegen go sekama
links molema
Loch mosima
Löffel leswana
Lohn, Gehalt dituelo
lügen go aka
lustig kgatlhisa

M

machen go dira
Mädchen mosetsana
malen go penta
man wena, mongwe
manchmal fa gonwe
Mann monna
männlich tonanyana
Markt mmaraka
Medikament molemo
Meer Lewatle
mehr bontsi
Menge, Quantität selekanyo
Mensch motho
merken, sich go gopola, go gakologelwa
Messer thipa
mieten go renta, go rentisa
Minute motsotso
Missverständnis tlhoka-kutlwisisano
mit le

Mittagessen dijo tsa motshegare
Mittag setlhoboloko
Mode feshene, mokgabo
möglich kgonega
Monat kgwedi
morgen ka moso
Morgen moso
Motor koloi, enjene
Motorboot mokoro o o dumang
Motorrad sethuthuthu
müde lapile
Müll matlakala
Museum museum, ntlo ya ditso
Musik moopelo
müssen go tshwanelwa ke go
Mutter mme

N

nach (Richtung) ko ntlheng ya
nach (Zeit) morago ga
Nachmittag maitseboa
Nachricht molaetsa
nächstes Mal nako e e tlang
Nacht bosigo
nackt sa apara go nna bogonoko
Nadel nnale
nah gaufi (le ...)
Name leina
nass metsi, kolobile
Nationalität letso
Natur tlholego
natürlich (nicht künstl.) ga tlholego
neben go bapa le
nehmen go tsaya
nein nnyaa
neu sha
neugierig go rata go itse
nicht eseng
nichts sepe
niedrig tlase
niemals legoka
niemand ope
nirgendwo/-hin gope
noch einmal gape gape, la bobedi
noch santse
Norden bokone
normal tlwaelesegile
notwendig tlhokafala
Nummer palo, nomore
nur fela

O

ob fa
oben fa godimo
Obst maungo
oder kana
öffnen go bula
oft gantsi
ohne ko ntle ga
Öl ole, mafura
Onkel malome, rangwane
Organ serwe
organisieren go rulaganya
Ort lefelo
Osten botlhaba
Österreich Austria
Österreicher(in) moAustria

P, Q

paar dingwe/ bangwe
Paar bobedi
Päckchen pakete e nnye
Paket mophuthelwana
Panne go senyegelwa ke koloi

Papier pampiri
Park phaka
parken go pheka koloi
Party phathi
Pass pasa, phasepote
Patient molwetse
Patient nna pelo telele
Pause emisa
Person motho
Pflanze sejalo
Plan lenaneo
Platz lefelo
Platzkarte thekethe
plötzlich ka tshoganetso
Politik sepolotiki
Polizei mapodise
Post(amt) poso
Postkarte phoosetekhad, karata ya melaetsa
Preis tlhwatlhwa
privat sephiri
Problem mathata
Programm lenaneo
Prospekt folayara pampitshana ya ipapatso
pünktlich ka nako
Qualität boleng

R

Radiogerät radio, seromamowa
Rat kgakololo
rauchen go goga
Raum rumu, kamore
rechnen go bala
Rechnung bile, bili
Recht molao
rechts moja
reden go bua
Regen pula
Regenschirm sekhukhu
registrieren go kwadisa
reich humile
reif godile
Reifen thaere
Reise loeto, mosepele
Reisebüro kgwebo ya go rulaganya mesepele
reisen go tsamaya
reparieren go baakanya
reservieren go buka go beeletsa
Restaurant marekisetso a dijo le dino, resechurente
Rettungswagen ambulense, koloi ya balwetse
richtig siame, nepile, ke gone
Richtung ntlheng
roh tala
rot bohibidu
Rückfahrt boa
Rucksack rekeseke / rakeseke
rückständig morago
rufen, schreien go bitsa, go goa
Ruhe tidimalo

S

Sache selo
sagen go re
Salbe khirimi, lebebe
Salz letswai
sammeln go tsaya
Sand motlhaba
satt siame, kgotshe
Satz (Grammatik) seele
sauber phepa
sauber machen go phepafatsa
sauer botjarara
scharf baba

Scheck cheka/ sekaseka/ tlhola
Schere sekere
schicken, senden go romela
schießen go fula
Schiff sekepe
schlafen go robala
Schlafsack sleeping bag
Schlafzimmer kamore
schlagen go itaya
schlecht maswe
Schlüssel khii, selotlolo
schmackhaft monate
Schmerz botlhoko
schmerzen go nna botlhoko
Schmuck dibaga le malengana
schmutzig leswe
Schnaps boranti
schnell ka pela, ka bofefo
schon go setse, e setse
schön bontle
schreiben go kwala
Schuh setlhako
schuldig molato
Schule sekolo
Schüler(in) moithuti
schwanger imile
Schweiz Switzerland
Schweizer(in) Swiss
schwer (nicht leicht) bokete
Schwester kgaitsadi
schwierig (n. einfach) thata
schwimmen go thuma
schwitzen go fufula
See lewatle
sehen go bona
Sehenswürdigkeiten mafelo a
Seide sei/ silki
Seife molora
Seil mogala
sein go nna
seit fa e sale
Seite (Richtung letlhakore
Sekunde bobedi
selbst ka sebele, nna
selten ga se gantsi
setzen, sich go nna fa fatshe
sicher babalesegile
Sie (höfl. Anrede) wena
Silber selefera
singen go opela
sitzen, passen (Kleidung) go lekanya
sitzen go nna
so jaana
sofort teng fela foo
Sohn morwa
solch (-e, -er, -es) mo go tshwanang
sollen go tshwanelwa ke go
Sommer selemo
Sonne letsatsi
sparen go boloka
spät leiti/ thari
spazierengehen go itlhapolola maoto
Speise dijo
Speisekarte mmenyu
spielen go tshameka
Spielzeug thoe, setshwantsho
Sport motshameko
Sprache teme
sprechen go bua
Spritze serenchi
Staatsangehörigkeit letso
Stadt toropo
stark thata
stehen go ema
Stein letlapa, lentswe
Stelle, Ort lefelo

stellen go baya
sterben go swa
Stimme lentswe
Stoff matsela
stören go kgoreletsa, go feretlha, go kgaupetsa
Strafe kotlhao
Straße seterata
Streichhölzer mmechese, molelo
streiten go nganga
Stück setoki
Student moithuti
Stunde oura
suchen go batla, go senka
Süden borwa
Summe palo
Suppe sopo/ moro
süß lekere

T

Tabak motsoko
Tablette pilisi
Tag letsatsi
täglich tsatsi le letsatsi
Tal mokgacha
Tankstelle filingisetaishene
Tante auntie, rakgadi, mmangwane
tanzen go bina
Tasche beke, kgetsi
Taxi thekisi
Telefon mogala
telefonieren go letsa
teuer tura
Theater tietha, lefelo la karo
tief boteng
Tier phologolo
Tochter morwadia
Tod leso
Toilette thwaelete, ntlwana
Toilettenpapier thwaelete pheipha, pampiri ya kwa thwaeleteng
tot sule
töten go bolaya
Tradition ngwao, tlwaelo
tragen go rwala
traurig hutsafetse
treffen (begegnen) go kopana
Treppe diseteese, direpudi
trinken go nwa
Trinkgeld thipi
trocken omile
Tschüß! Go siame!
tun go dira
Tür lebati
Turm thawara

U

üben go itshidila
über (zeitl.) go feta
über (örtl.) godimo
überall gongwe le gongwe
übermorgen ka moso o mongwe
übersetzen (Sprache) ranola
Übersetzer moranodi
Überweisung fudusa
übrig masalela
Uhr wache, tshupanako
um ko
um zu ... gore go (...)
Umgebung tikologo
Umleitung tsela e e fapogang, modikolosa
umtauschen go fetola
Umwelt tikologo

unbekannt mo go sa itsiweng, mo go sa tlwaelesegang
und le
Unfall kotsi
Universität mmadikolo
unschuldig go tlhoka molato
unten ko tlase
unter fa tlase
Unterhaltung bua
Unterkunft boroko
unterrichten (lehren) go ruta
unterschreiben go saena
Urlaub lefi

V

Valuta, Devisen madi a mafatshe a sele
Vater ntate
verabreden (sich) go tswa le motho, go deita
Verabredung motho yo o tswanag nae, bokopano jwa baratani
verabschieden, sich go laela
verboten (sein) ga go letlelelwe
Verbrechen molato
verdienen go bona, go dira
vergessen go lebala
vergnügen, sich go ja monate
verirren, sich go timela
verkaufen go rekisa
verleihen (an) go rentisa, go hirisa
verletzt golafetse
Verletzung kgobalo
verlieben, sich go rata motho
verlieren (Dinge) go latlhegelwa
vermieten hirisa
Versicherung inshoorense
verspäten, sich go diega
versprechen, sich go rlela ga leleme
verstehen go tlhaloganya
versuchen go leka
viel bontsi
vielleicht gongwe
Vogel nonyane
Volk batho
voll tletse
von ga
vor pele
vorbereiten go baakanya
vorgestern maloba
vorher pele
Vormittag moso, phakela
Vorname leina le o le filweng
vorne fa pele
vorschlagen go ntsha mogopolo
vorstellen (sich etw.) go akanya
vorstellen, sich go fa
Wagen koloi
wahr boammaaruri
während nako ya go
Wald sekgwa
Wand lekoma, lebotana
Ware dilwana
warm bothitho
warten go ema
waschen go tlhatswa
waschen, sich go tlhapa
Wasser metsi
Watte (-pads) cotton pads, dipads tsa khothene

wechseln go chencha, go fetola, fetoga
wecken go tsoga
Weg tsela
wegen ka gore
weiblich namagadi
weil ka gore
weinen go lela
weit kgakala
wenig nnye
werden go nna
wessen ga mang
Westen bophirima
Wetter tsa loapi
wichtig botlhokwa
wieder nape
wiederholen go boeletsa
Wind phefo
Winter mariga
wir rona
wissen go itse
Woche beke
wohnen go nna
Wohnung folete
wollen go batla
Wort lefoko
Wörterbuch thanodi
Wunde ntho
wünschen go eletsa

Z

zahlen go duela
Zahnarzt ngaka ya meno
Zahnbürste borashe jwa meno
Zahnpasta molora wa meno
zeigen go bontsha
Zeit nako
Zeitung pampiri ya dikgang
Zelt tante
Zeltplatz lefelo la go kampa
Zentrum lefelo la tiro e e faphegileng, senthara
Zigarette sekerese
Zimmer rumu, kamore
Zoll ba dithoto, lekgetho la dithoto, lefelo la go tlhatlhoba dithoto kwa molelwaneng
zu Fuß ka dinao
zu (+ Adjektiv) thata
zufrieden diteng
Zug terena
zurück mokwatla
zusammen mmogo
zuviel mo go feteletseng
zwischen fa gare

Wörterliste Setswana – Deutsch

A

abuti Bruder
aese khirimi Eis (Speise-)
ambulense Rettungswagen
araba Antwort
aterese Adresse
auntie Tante

B

Austria Österreich
ba dithoto Zoll
baba scharf
babalesegile sicher
baesekele Fahrrad
baesekopo Film
bana ba motho Geschwister
bangwe paar
bantisi Binde
banyalani Ehepaar
bara Kneipe
base Bus
batho Leute, Volk
batsadi Eltern
beke Tasche; Woche
betiri Batterie
bile, bili Rechnung
biri Bier
boa Rückfahrt
boammaaruri wahr
bobedi Paar; Sekunde
bodile faul (Obst)
boditshabatshaba international
boemedi Botschaft (dipl.)
boemedi jwa lefatshe Konsulat
bofelo, bofelelo Ende
bogodu Diebstahl
bogodu jwa go thuba Einbruch
bohibidu rot
boitumelo Glück
bojalwa Alkohol
bojang Gras
bokete Gewicht; schwer (nicht leicht)
bokhutlo Ende
bokone Norden
bokopano jwa baratani Verabredung
boladu Eiter
bolao Bett
boleng Qualität
bolwetse Krankheit
bontle schön
bontle thata ausgezeichnet
bontsi mehr; viel
bonya langsam
bophara breit
bophepa Hygiene
bophirima Westen
boranti Schnaps
borashe jwa meno Zahnbürste
borogo Brücke
boroko Unterkunft
borokwa braun
borotho Brot
borwa Süden
bosigo Nacht
boso Chef
bosupi Beweis
botaki Kunst
botala jwa letlhare grün
botala jwa loapi blau
boteng tief
bothitho herzlich; warm
botho höflich
botjarara sauer
botlhaba Osten

botlhale klug
botlhoko Schmerz
botlhokwa wichtig
botlhole Gift
botoka besser
botsala Freundschaft
botsalano freundlich
botshelo Leben
botsogo Gesundheit
bua Gespräch, Unterhaltung

C

cheka Scheck
chipi billig
club Diskothek

D

diaparo Kleidung
dibaga le malengana Schmuck
dibeke Gepäck
digalase Brille
dijo tsa motshegare Mittagessen
dijo Lebensmittel, Speise
dikgakologo Frühling
dikobo Bettzeug
diloko Gewürz
dilwana Ware; Gepäck
dingwaga Alter (Lebens-)
dingwe paar
dipads tsa khothene Watte(-pads)
dipampiri Dokument(e)
dira ka natla fleißig
direpudi Treppe
disco Diskothek
disekhaonte Ermäßigung
disepaese Gewürz
diseteese Treppe
diteng zufrieden
dithoto Gepäck
ditladi le dikgadima Gewitter
ditso Geschichte (Historie)
dituelo Lohn, Gehalt
dumetse einverstanden

E

e be dann
e setse schon
ee ja
eephote Flughafen
ema Haltestelle
emisa Haltestelle; Pause
ene er
enjene Motor
eo jener
ere ka deshalb
eseng nicht
eta Besuch

F

fa auf; da; ob
fa e sale seit
fa fatshe Etage
fa gare durch (hindurch)
fa gare zwischen
fa go duelelwang teng Kasse
fa godimo oben
fa gonwe manchmal
fa pele vorne
fa tlase unter
famasi Apotheke
fano da
fano hier
fela nur
fenstere Fenster
feshene Mode

fetisa durch (hindurch)
fetoga wechseln
filimi Film
filingisetaishene Tankstelle
folayara Prospekt
folete Wohnung
fomo Formular
foroko Gabel
fridge Kühlschrank
fudusa Überweisung
fuluu Grippe

G

ga für; von
ga go letlelelwe verboten (sein)
ga mang wessen
ga mmatota echt
ga nnete echt
ga potlako dringend
ga se gantsi selten
ga tlholego natürlich (nicht künstl.)
galase Glas
gangwe einmal
gantsi oft
gape gape noch einmal
gase Gas
gaufi (le ...) nah (bei)
gauta Gold
go adima leihen, sich (von)
go aga bauen
go aka lügen
go akanya denken; vorstellen (sich etw.)
go alafa behandeln (Krankh.)
go amogela empfangen, erhalten
go apaya kochen
go apola ausziehen (Kleidung)
go araba antworten
go atla küssen
go baakanya reparieren; vorbereiten
go bala lesen; rechnen
go bapa le neben
go batla suchen; wollen
go batlile go tshwana etwa
go baya stellen
go beeletsa reservieren
go beeletsa setilo buchen
go bereka arbeiten
go bina tanzen
go bitsa rufen, schreien
go bitsa mafoko Aussprache
go boeletsa wiederholen
go bolaya töten
go bolela,go bolelela erzählen; empfehlen
go boloka sparen
go bona finden; sehen; verdienen
go bontsha zeigen
go botsa fragen
go bua reden, sprechen
go buelella empfehlen
go buisana feilschen
go buka buchen, reservieren
go bula öffnen
go buledisa begleiten
go chencha wechseln
go deita verabreden, sich
go diega verspäten, sich
go dira machen, tun
go duela zahlen, bezahlen
go dumedisa grüßen, begrüßen
go dumedisana grüßen, sich

go dumela glauben
go eletsa wünschen
go ema anhalten; aufhören; stehen; warten
go emelela abfliegen
go eta besuchen
go fa geben; vorstellen, sich
go feretlha stören
go feta als (Vergleich); über (zeitl.)
go fetola umtauschen, wechseln
go fetsa beenden
go fitlhela finden
go fitlhelela bis
go fitlhola frühstücken
go fofa fliegen; erholen, sich
go fologa aussteigen
go fuduga ausziehen (aus Wohnung)
go fufula schwitzen
go fula schießen
go gakologelwa erinnern, sich; merken, sich
go goa rufen, schreien
go goga abschleppen; rauchen
go gopola merken, sich
go goroga ankommen
go hirisa verleihen (an)
go iketla gemütlich
go ikopa maitshwarelo entschuldigen, sich
go itaya schlagen
go ithuta lernen
go itlhaganela beeilen, sich
go itlhapolola maoto spazierengehen
go itse kennen; wissen
go itshidila üben
go itsise bekanntmachen, sich; benachrichtigen
go ja essen
go ja monate vergnügen, sich
go kenta impfen
go keteka feiern
go kgatlhegela interessieren, sich (für)
go kgaupetsa stören
go kgona go dira können
go kgoreletsa stören
go kgweetsa fahren
go kopa bitten
go kopana treffen (begegnen)
go kwadisa registrieren
go kwala schreiben
go laola kontrollieren
go latlhegelwa verlieren (Dinge)
go lebagana gegenüber
go lebala vergessen
go lebelela besichtigen
go leboga danken
go lebogisa gratulieren
go leka versuchen
go lekanya sitzen, passen (Kleidung)
go lela weinen
go letlelela erlauben
go letsa telefonieren
go lopa kosten (Preis)
go na le als (Vergleich)
go nganga streiten
go ngongorega beschweren, sich
go nna Aufenthalt; bleiben; sein; sitzen; werden; wohnen
go nna botlhoko schmerzen

Wörterliste Setswana – Deutsch

go nna fa fatshe setzen, sich
go nna le haben
go nna le mohikela erkältet sein
go nna nosi o sa nyalwa / nyala ledig
go ntsha mogopolo vorschlagen
go nwa trinken
go nyenya lächeln
go nyorwa Durst (haben)
go odara bestellen
go opela singen
go otlhaya bestrafen
go penta malen
go pheka koloi parken
go phepafatsa sauber machen
go phoso falsch
go phuthuloga gemütlich
go rapama legen
go rata gefallen; lieben
go rata go itse neugierig
go rata motho verlieben, sich
go re sagen
go reka kaufen
go rekisa verkaufen
go renta mieten
go rentisa mieten; verleihen (an)
go rlela ga leleme versprechen, sich
go robala schlafen
go roga beleidigen
go romela schicken, senden
go rulaganya organisieren
go ruta unterrichten (lehren)
go rwala tragen
go sa le gale früh
go sa nna le sepe leer
go saena unterschreiben
go sekae bisschen; einige
go sekama liegen
go senka suchen
go senyegelwa ke koloi Panne
go setse schon
go sha brennen
Go siame! Tschüß!
go siana laufen, rennen
go simolola anfangen
go sitwa frieren
go solofela freuen, sich; hoffen
go suna küssen
go swa sterben
go taboga laufen, rennen
go thuba ntlu Einbruch
go thuma schwimmen
go thusa helfen
go timela verirren, sich
go tla kommen
go tlhaloganya verstehen
go tlhalosa erklären
go tlhanya flirten
go tlhapa baden, waschen, sich
go tlhatswa waschen
go tlhoka brauchen
go tlhoka molato unschuldig
go tlisa bringen
go tlwaela gewöhnen, sich (an)
go tsamaya abfahren, abreisen; gehen, reisen
go tsaya erhalten, nehmen; sammeln
go tsaya kitso informieren, sich
go tsaya senepe

fotografieren
go tsaya tshwetso entscheiden
go tsena eintreten
go tsena mo einsteigen
go tshameka spielen
go tshega ka ga lachen (über etw.)
go tshela leben
go tshoga fürchten, sich (vor)
go tsholetsa heben
go tshwanelwa ke go müssen; sollen
go tshwara halten
go tshwarwa ke lenyora durstig (sein)
go tshwarwa ke tlala hungrig (sein)
go tsietsa betrügen
go tsoga aufstehen; aufwachen; wecken
go tswa le motho verabreden (sich)
go tuka brennen
go utlwa fühlen, sich; hören; kosten (probieren)
godile alt (nicht jung); reif
godimo hoch; laut; über (örtl.)
golafetse verletzt
gompieno heute
gone fa da
gongwe vielleicht
gongwe le gongwe überall
gope nirgendwo/-hin
gore go damit, um zu …
gotlhe alles; ganz; jeder
hirisa vermieten
hotele Hotel
humanegile arm
humile reich
hutsafetse traurig

I, J

imeile E-mail
imile schwanger
inshoorense Versicherung
ipaakantse fertig
itumetse fröhlich, glücklich
jaana so
jaanong jetzt
jalo he deshalb
Jeremane Deutschland
juvei Decke (Bett)

K

ka durch (hindurch)
ka bofefo schnell
ka boitumelo gern
ka gore weil, wegen
ka jalo damit, darum
ka nako pünktlich
ka ngwaga jährlich
ka ntlha durch (hindurch)
ka pela schnell
ka sebele selbst
ka tshoganetso plötzlich
kagiso Frieden
kago Gebäude
kamogelo Gastfreundschaft
kamore Raum, Zimmer; Schlafzimmer
ka moso morgen
ka moso o mongwe übermorgen
kana oder
kapari ya go thuma Badeanzug, Badehose
karata ya melaetsa Postkarte
karata ya omang Ausweis

Wörterliste Setswana – Deutsch

katlego Erfolg
ke a leboga danke
ke gone richtig
ke itumetse danke
ke sone darum
kereke Kirche
kereme Gramm
kese Gas
kgaitsadi Schwester
kgakala fern, weit
kgakololo Rat
kgatlhanong gegen
kgatlhisa interessant; lustig
kgetsi Tasche
kgobalo Verletzung
kgolegelo Gefängnis
kgolo groß
kgologolo alt (nicht neu)
kgonega möglich
kgoro Eingang
kgorogo Ankunft
kgotshe satt
kgwebo Geschäft (Tätigkeit); Handel
kgwebo ya go rulaganya mesepele Reisebüro
kgwedi Monat
khamera Fotoapparat
khii Schlüssel
khirimi Salbe
khompiutara Computer
khondomo Kondom
khonsata Konzert
khontheinara Gefäß
khutshwane kurz
kima dick
kitso Auskunft, Information
ko bei; in (örtlich); um
ko morago hinten
ko ntle ga ohne
ko ntlheng ya nach (Richtung)
ko tlase unten
kobo Decke (Bett)
kokometse fest
kolobile nass
koloi Auto, Fahrzeug, Wagen; Motor
koloi ya balwetse Rettungswagen
kompone Gesellschaft
kotlhao Strafe
kotsi gefährlich; Gefahr; Unfall
kwa aus; dort, dorthin; in (örtlich)

L

la bobedi noch einmal
laletsa einladen
lapile müde
le auch, mit, und
lebati Tür
lebebe Salbe
lebenkele la melemo Apotheke
lebentlele Geschäft (Laden)
lebogo Arm
lebone Lampe
lebotana Wand
lebotlele Flasche
lebotlolo Flasche
lee (mae) Ei (Eier)
leele groß; lang (Entfernung)
lefatshe Erde; Land
lefelo Gegend, Lage (geogr.), Platz, Stelle, Ort
lefelo la go kampa Zeltplatz
lefelo la go tlhatlhoba dithoto kwa molelwaneng Zoll
lefelo la karo Theater

lefelo la maitiso Diskothek
lefelo la tiro e e faphegileng Zentrum
lefi Urlaub
lefifi dunkel
lefoko Wort
legoka niemals
legong Holz
leina Name
leina le o le filweng Vorname
leinane Folklore
leiti spät
lekane genug
lekere süß
lekgetho la dithoto Zoll
lekoma Wand
lekwalo Brief
lelapa Familie
lelatlha Batterie
lenaneo Fahrplan, Plan, Programm
lenano Fuß
leng als (zeitl.)
lentswe Stein; Stimme
lenyalo Hochzeit
leokwane Benzin
lephata Behörde
lephutshe gelb
lesedi Licht
lesika Familie
leso Tod
leswana Löffel
leswe schmutzig
letlapa Stein
letlelelwa dürfen
letlhafula Herbst
letlhakore Seite (Richtung)
letlhare Blatt
letsatsi Datum, Tag; Sonne
letsatsi la matsalo Geburtstag
letsela Laken
letshololo Durchfall
letshoroma Fieber
letso Nationalität, Staatsangehörigkeit
letsogo Arm
letswai Salz
leungo Frucht
lewatle Meer; See
loeto Besuch; Reise
loeto le le nang le mokaedi Führung
lokwalo Buch
lwala krank

M

maabane gestern
mabaka Gebäck
mabeelo a koloi Autowerkstatt
mabele Brust (weibl.)
madi Geld, Bargeld
madi a banka Bank (Geld)
madi a mafatshe a sele Valuta, Devisen
madirelo Fabrik; Industrie
maemelo a difofane Flughafen
mafelo a Sehenswürdigkeiten
mafura Öl
mahala frei; kostenlos
maikutlo Gefühl
maitseboa Abend; Nachmittag
malatsi a boitapoloso Ferien
maloba vorgestern
malome Onkel
mapakiwa Gebäck
mapodise Polizei

Wörterliste Setswana – Deutsch

marekisetso a dijo le dino Restaurant
mariga Winter
marulelo Dach
masalela übrig
maswe schlecht
mathata Problem
matlakala Müll
matsela Laken; Stoff
matswakabele kompliziert
maungo Obst
mebala bunt
melao ya tiriso ya puo Grammatik
merogo Gemüse
metsi nass; Wasser
mmadikolo Universität
mmala Farbe
mmangwane Tante
mmaraka Markt
mme aber; Mutter
mme yo o nnang mo lapeng Hausfrau
mmechese Streichhölzer
mmega dikgang Journalist
mmenyu Speisekarte
mmepe Landkarte
mmereki Angestellte(r), Arbeiter(in)
mmogo zusammen
mo auf
mo bogaufing bald
mo go feteletseng zuviel
mo go sa itsiweng unbekannt
mo go sa tlwaelesegang unbekannt
mo go sha frisch (Obst)
mo go tshwanang solch(e,er,es)
mo go tswang kwa ntle ausländisch
mo teng in (zeitlich)
moamogedi Gastgeber
moAustria Österreicher(in)
modikolosa Umleitung
modimo Gott
modiri Angestellte(r)
moeng Gast
mogala Faden; Seil; Telefon
mogatsa Ehefrau
mogolo Alte(r)
mogolwane Chef
moithuti Schüler(in), Student
moja rechts
mojeremane Deutsche(r)
mokaulengwe Bruder
mokete Feier
mokgabo Mode
mokgacha Tal
mokgatlho Gesellschaft
mokgweetsi Chauffeur
mokoro Boot
mokoro o o dumang Motorboot
mokwatla zurück
molaetsa Nachricht
molao Gesetz, Recht
molato falsch; schuldig; Verbrechen
molelo Brand, Feuer; heiß; Streichhölzer
molelwane Grenze
molema links
molemi morui Bauer
molemo Medikament
moletlo Fest, Feier
molora Seife
molora wa meno Zahnpasta
molwetse Patient
monate schmackhaft
mong Besitzer
monggae Bürger

(Staats-)
monggae Gastgeber
mongwe jemand, man
monna Mann
monna yo o nyetseng Ehemann
monnamogolo Alter (Mann)
monni Einwohner, Bürger (Staats-)
monwana Finger
moo dass; jener
moopelo Musik
mophuthelwana Paket
morago danach; hinter; rückständig
morago ga nach (Zeit)
morago ga seo danach
moranodi Dolmetscher, Übersetzer
moro Suppe
morutabana Lehrer(in)
morwa Sohn
morwadia Tochter
mosadi Frau
mosadi yo o nyetsweng Ehefrau
mosadimogolo Alte (Frau)
moseja Ausland
mosepele Reise
mosetsana Mädchen
mosima Loch
mosimane Junge
moso Morgen, Vormittag
motho Mensch, Person
motho yo o tswanag nae Verabredung
motlhaba Sand
motlhofo einfach; leicht (nicht schwer)
motsalwalenna Bruder
motse Dorf
motshameko Sport
motsoko Tabak
motsotso Minute
motswakwa Ausländer
mpho Geschenk
museum Museum

N

nako Zeit
nako e e tlang nächstes Mal
nako le nako jedesmal
nako nngwe einmal
nako tsotlhe immer
nako ya go während
nama Fleisch
namagadi weiblich
nape wieder
nepile richtig
ngaka Arzt
ngaka ya meno Zahnarzt
ngolo grau
ngwaga Jahr
ngwana Kind
ngwanaangwana Enkel(in)
ngwao Tradition
nkgonne wa mosimane Bruder
nkuku Großmutter
nna ich; selbst
nna pelo telele Patient
nnake wa mosimane Bruder
nnale Nadel
nnetese ruri fest
nnyaa nein
nnye klein; wenig
nnyenyane jung
noga e e nang le botlhole Giftschlange
noka Fluss
nomore Nummer
nonyane Vogel
nosi allein
ntate Vater

Wörterliste Setswana – Deutsch

ntatemogolo Großvater
ntho Wunde
ntlheng Richtung
ntlo ya dibaesekopo Kino
ntlo ya ditso Museum
ntlu Haus
ntlwana Toilette
ntlwana ya botlhapelo Badezimmer

O

odara Bestellung
ofisi Büro
ole Öl
omile trocken
onfolopo Briefumschlag
ope niemand
oura Stunde

P

paka Jahreszeit
pakete e nnye Päckchen
palo Nummer; Summe
pampiri Blatt; Papier
pampiri ya dikgang Zeitung
pampiri ya kwa thwaeleteng Toilettenpapier
pampitshana ya ipapatso Prospekt
pantune Fähre
papadi Handel
pasa Pass
pele vor, vorher, bevor
pensele Bleistift
phaka Park
phakela Vormittag
phaseje Gasse
phasepote Pass
phathi Fest, Feier, Party
phatsima hell
phefo Wind
phefo e e bokgola feucht
phelelo Ende
phepa sauber
phete Binde
phokoletso Ermäßigung
phologolo Tier
phoosetekhad Postkarte
phoso Fehler
pilisi Tablette
pina Lied
pitlagane eng
poifo Angst
polasetara Heftpflaster
polelo Folklore; Geschichte (Erzählung)
poso Post(amt)
potso Frage
pula Regen
puo Dialekt

R

radio Radiogerät
rakeseke Rucksack
rakgadi Tante
rangwane Onkel
ranola übersetzen (Sprache)
rekeseke Rucksack
resechurente Restaurant
robega kaputt
rona wir
rotlhe einander
rre Herr
rumu Raum, Zimmer

S

sa apara go nna bogonoko nackt
sa tlwaelesegang fremd
saese Größe (Kleidung u.ä.)

santse noch
se dies
seatla Hand
seele Satz (Grammatik)
sefane Familienname
sefitlholo Frühstück
sefofane Flugzeug
segopotso Andenken; Denkmal
sehuba Brust(korb)
sei Seide
sejalo Pflanze
sejeremane deutsch
sekai Beispiel
sekapaditshwantsho Fotoapparat
sekaseka Scheck
sekausu Kondom
sekepe Schiff
sekere Schere
sekerese Zigarette
sekgoa englisch
sekgwa Wald
sekhukhu Regenschirm
sekolo Schule
selalelo Abendessen
seleele dumm
selefera Silber
selekanyo Menge, Quantität
selemo Sommer
selo Ding, Sache
selotlolo Schlüssel
sematla dumm
sena sepe leer
senepe Fotografie
sengwe etwas
seno Getränk
senthara Zentrum
seo jener
sepatela Krankenhaus
sepe nichts
sepee phate Ersatzteil
sephatlo Hälfte
sephiri privat
sepolotiki Politik
serala Bahnsteig
serenchi Spritze
seromamowa Radiogerät
serwe Organ
sesafatsa eng
sesane dünn, eng
seso dumm
seteishene sa terena Bahnhof
setempe Briefmarke
seterata Straße
sethunya Blume
sethuthuthu Motorrad
setlhaketlhake Insel
setlhako Schuh
setlhare Baum
setlhoboloko Mittag
setlhopha Gruppe
setoki Stück
setshidinyana Insekt
setshwakga faul (träge)
setshwantsho Bild, Fotografie
setshwantsho Spielzeug
setshwantsho sa motshikinyego Film
setsidifatsi Kühlschrank
setswantle ausländisch
sha neu
shopo Geschäft (Laden)
siame gut; richtig; satt
silki Seide
sinema Kino
sleeping bag Schlafsack
sopo Suppe
sule tot
sutukheise Koffer
Swiss Schweizer(in)
Switzerland Schweiz

T, U

tagilwe betrunken
tala roh

Wörterliste Setswana – Deutsch

taletso Einladung
tante Zelt
tebego ya lefelo Landschaft
telele (nako) lang(e) (Zeit)
teme Sprache
temothuo Landwirtschaft
teng fa da
teng fela foo sofort
terena Eisenbahn, Zug
teseletso Erlaubnis
thaba Berg
thaemetheibole Fahrplan
thaere Reifen
thanodi Wörterbuch
thari spät
thata hart; schwierig (nicht einfach); stark; zu (+ Adjektiv)
thawara Turm
thekethe Fahrkarte, Flugticket, Platzkarte
thekisi Taxi
thelebisene Fernsehgerät
thipa Messer
thipi Trinkgeld
thoe Spielzeug
thusa, thuso Hilfe
thwaelete Toilette
thwaelete pheipha Toilettenpapier
tidimalo Ruhe
tietha Theater
tikologo Umwelt, Umgebung
tiragalo Ereignis
tiro Beruf
tlase niedrig
tletse voll
tlhaka Buchstabe
tlhamaletse geradeaus
tlhapi Fisch
tlhokafala notwendig
tlhoka-kutlwisisano Missverständnis
tlhola Scheck
tlholego Natur
tlhwatlhwa Preis, Gebühr, Fahrpreis
tlwaelesegile normal
tlwaelo Tradition
tona groß
tonanyana männlich
toropo Stadt
totatota genau
toulo Handtuch
tsa loapi Wetter
tsala Freund(in)
tsatsi le letsatsi täglich
tse diese(r,s)
tsela Weg
tsela e e fapogang Umleitung
tshimo Feld
tshingwana ya merogo Garten
tshupanako Uhr
tshupo Ausstellung
tshwanetswe dürfen
tshwaregile fleißig
tsididi kalt
tsiditshana kühl
tsogile sentle gesund
tsotlhe jeder
tswaa Ausgang
tswafisa langweilig
tswee-tswee bitte
tumile berühmt
tura teuer

W - Z

utlwalang gültig
wache Uhr
wena Sie (höfl. Anrede);du; man
yoo jener

Das komplette Programm zum Reisen und Entdecken von

REISE KNOW-HOW

- **Reiseführer** – alle praktischen Reisetipps von kompetenten Landeskennern
- **CityTrip** – kompakte Informationen für Städtekurztrips
- **CityTrip**PLUS – umfangreiche Informationen für ausgedehnte Städtetouren
- **InselTrip** – kompakte Informationen für den Kurztrip auf beliebte Urlaubsinseln
- **Wohnmobil-Tourguides** – alle praktischen Reisetipps für Wohnmobil-Reisende
- **Wanderführer** – exakte Tourenbeschreibungen mit Karten und Anforderungsprofilen
- **KulturSchock** – Orientierungshilfe im Reisealltag
- **Kauderwelsch Sprachführer** – vermitteln schnell und einfach die Landessprache
- **Kauderwelsch plus** – Sprachführer mit umfangreichem Wörterbuch
- **world mapping project™** – aktuelle Landkarten, wasserfest und unzerreißbar
- **Edition REISE KNOW-HOW** – Geschichten, Reportagen und Abenteuerberichte

Die Autorin

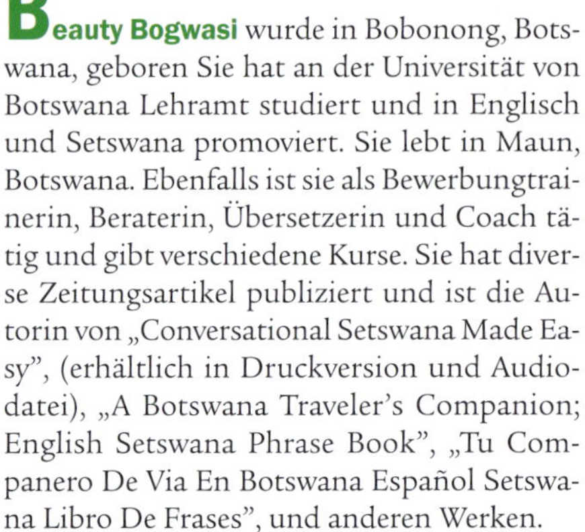

Beauty Bogwasi wurde in Bobonong, Botswana, geboren Sie hat an der Universität von Botswana Lehramt studiert und in Englisch und Setswana promoviert. Sie lebt in Maun, Botswana. Ebenfalls ist sie als Bewerbungtrainerin, Beraterin, Übersetzerin und Coach tätig und gibt verschiedene Kurse. Sie hat diverse Zeitungsartikel publiziert und ist die Autorin von „Conversational Setswana Made Easy", (erhältlich in Druckversion und Audiodatei), „A Botswana Traveler's Companion; English Setswana Phrase Book", „Tu Companero De Via En Botswana Español Setswana Libro De Frases", und anderen Werken.

Simone Rutishauser arbeitet als Übersetzerin bei Safaritouren und hat ein großes Wissen über Sprachen und Erfahrung mit dem Leben im Busch. Ihr großer Einsatz hat mir geholfen, das Buch zu dem zu machen, was es heute ist. Ich werde ihr nie gebührend danken können für die schlaflosen Nächte, ihre selbstlose Hingabe, Aufmerksamkeit und ihr Engagement für das Projekt. Sie wendete viel Zeit und Energie auf, um zu übersetzen und zu überarbeiten und unterstützte meine Arbeit mit vielen Ideen und Vorschlägen. Simi, you are a star! Keep shining!